KB119052

ELDERLY PLAY THERAPY FOR
GROWTH AND HEALING

성장과 치유를 위한

노인놀이치료

| 신민주 · 주용국 · 어은경 공저 |

학지사

머리말

소년은 노인을 보고 웃지만 노인도 처음부터 노인은 아니었네.

그대는 오늘 노인을 보고 웃지 마시오. 내일 아침이면 그대도 노인이 될 테니까.

-『명심보감』-

누구에게나 소중하고 귀한 존재가 있다. 혼자 가만히 있을 때 친구의 소중함을 느끼게 되고, 사랑하는 연인과 헤어졌을 때 연인의 소중함을 느끼게 된다. 특히 부모님을 다시 볼 수 없는 하늘나라로 떠나보냈을 때 부모님의 소중함을 느끼게 된다.

그렇다면 나는 그들에게 어떤 존재로 기억되고 있을까?

그리고 사람들은 왜 소중한 사람이 곁에 없을 때 그들을 향한 마음을 깨닫게 되는 것일까? 내가 떠나고 없을 때 나를 아는 모든 사람이 정말 괜찮은 사람이었다고 기억해 주기를 바라는 마음으로 오늘부터라도 누군가에게 소중한 사람이 되길 희망해 본다.

이 책에서는 고령화에 따른 노인문제에 있어 다양한 접근방법을 모색하고자 한다. 놀이는 노인의 관계 능력의 향상을 돕고 치매 예방과 더불어 건강하고 행복한 노년기의 마무리를 하는 데 도움을 주기 때문이다. 특히 이 책의 내용처럼 노인을 위한 놀이치료는 노인에 대한 이해를 돕고 삶의 질을 향상시키는 데 도움을 준다.

이 책은 총 4부로 구성되어 있다. 제1부에서는 노인은 누구인지에 대한 개념을 살펴보고, 제2부에서는 놀이를 통해 노인의 삶이 행복해질 수 있음에 대해 기술하였다. 또한 제3부와 제4부에서는 노인놀이치료의 통합적 접근방법 및 성장과 치유를 위한 실제 적용 사례를 중심으로 다양한 프로그램과 계획안을 수록하여 노인 관련 프로그램을 진행하는 선생님과 치료실을 운영하고자 하는 분들이 좀더 쉽게 노인놀이치료를 할 수 있도록 하였다.

이 책을 통해 노인의 행복한 노후를 위해 끊임없이 노력하는 전문가분들이 보다 행복한 마음으로 노인들을 도울 수 있기를 바란다.

지금까지 이 자리에 있게 해 주신 많은 분께 감사를 드리고 늘 지지와 응원을 해 주시는 가족 및 친구들 그리고 동료 교수님과 노인 관련 상담 선생님들께도 감사를 드린다.

"노인이라는 이름으로 살아가는 주변의 어르신들과 노인 분야의 발전을 위해 노력하고 있는 제자들의 행복을 진심으로 기원합니다."

2020. 2.
저자 신민주, 주용국, 어은경

차례

Part 3

성장과 치유를 위한
노인놀이의 통합적 접근

Part 4

어떻게 하면 돼?
성장과 치유 놀이 실제 적용 사례

성장과
치유를 위한
노인놀이치료

Part 1

노인은 없다
(제2의 인생을 즐기는
멋진 사람만
있을 뿐이다)

95세 노인의 후회

-호서대 설립자 강석규 박사-

나는 젊었을 때 정말 열심히 일했습니다. 그 결과 나는 실력을 인정받았고 존경을 받았습니다. 그 덕에 65세 때 당당한 은퇴를 할 수 있었죠. 그런 내가 30년 후인 95세 때 얼마나 후회의 눈물을 흘렸는지 모릅니다. 내 65년 생애는 자랑스럽고 떳떳했지만 그 후 30년의 삶은 부끄럽고 후회되고 비통한 삶이었습니다. 나는 퇴직 후 '이제 다 살았다. 남은 인생은 그냥 덤이다'라는 생각으로 그저 고통 없이 죽기만을 기다렸습니다. 덧없고 희망이 없는 삶, 그런 삶을 무려 30년이나 살았습니다.

30년의 시간은 지금 내 나이 95세로 보면 3분의 1에 해당하는 기나긴 시간입니다. 만일 내가 퇴직할 때 앞으로 30년을 더 살 수 있다고 생각했다면 난 정말 그렇게 살지는 않았을 것입니다. 그때 나 스스로가 늙었다고, 뭔가를 시작하기엔 늦었다고 생각했던 것이 큰 잘못이었습니다.

나는 지금 95세이지만 정신이 또렷합니다. 앞으로 10년, 20년을 더 살지도 모릅니다. 이제 나는 하고 싶었던 어학공부를 시작하려 합니다. 그 이유는 단 한 가지 10년 후 맞이하게 될 105번째 생일날! 95세 때 왜 아무것도 시작하지 않았는지 후회하지 않기 위해서입니다.

01
노인은
누구인가[1]

노년기는 언제부터일까?

자신 스스로 나이가 들었다고 느끼는 시점이 진정한 노년기의 시작일까? 가끔씩 주변 사람들은 이런 말을 하곤 한다.

"마음은 아직 청춘인데……."

그렇다면 여기서 말하는 마음의 나이는 과연 몇 살부터 노년기라고 말할 수 있을까? 다음은 존 맥아더 장군이 78세에 썼던 글이다.

"오래 살았다는 이유만으로 늙는 것은 아니다. 사람이 노쇠하는 이유는 자신의 꿈을 잃어버렸기 때문이다. 사람이 나이가 들면 얼굴에 주름살이 생기는 것은 너무나도 당연한 일이다. 그러나 미래에 대한 꿈을 버린 자는 마음의 주름살이 생길 것이다."

1) 주용국(2009). 상담일반: "노인다움" 노화 지원을 위한 상담, 교육 모형의 개발. 상담학연구, 10(1), 17-42에서 인용.

참 멋진 글이 아닐 수 없다.

꿈과 마음의 주름살…….

노인들도 마음의 주름살이 생기지 않기 위해서 꿈을 가지려고 열정적으로 모든 일에 도전한다면 정말 노인이 아닌 꿈을 지닌 만년 청춘이 될 것이다.

노인을 한마디로 간단히 정리한다는 것은 쉬운 일이 아니다. 노인을 뜻하는 '老'의 글자 모양을 자세히 살펴보면 마치 땅 위에 지팡이를 짚고 다니는 늙은 사람을 형상화한 글자처럼 보인다. 이것은 누구나 세월이 흐르면 나이 듦을 경험하고 누구나 신체적 · 정신적으로 매우 위축된 감정의 변화를 경험하게 된다는 것을 의미한다. 감정의 변화가 급격해지면서 때로는 불안감과 우울, 슬픔 등을 동반한 정서적 변화도 자주 경험하게 된다. 그러나 대부분의 사람은 노인을 나이로 판단하여 구분한다.

미국국제노년학회(2017)에서는 노인을 "인간의 노화과정에서 나타나는 생리적 · 심리적 · 환경적 행동의 변화가 상호작용하는 복합 형태의 과정이다."라고 정의하였다. 이것은 노인기가 되면 환경 변화에 대한 적응력이 점차 떨어지고 모든 능력이 감퇴한다는 것을 뜻한다. 이러한 노인에 대한 개념은 학자에 따라 조금씩 다를 수 있으나 인구학적 측면에서는 노인을 65세 이상 되는 사람으로 규정하고, 0~14세까지를 연소 인구, 15~64세까지를 생산 연령 인구, 65세 이상을 노년 인구로 구분하여 설명하고 있다. 우리나라에서는 노인의 기준을 법적으로 정하고 있다. 「노인복지법」에 의하면 65세 이상인 사람을 노인으로 규정하고 있으며, 「생활보호법」과 경로우대제도에서도 65세 이상을 노인이라고 규정하고 각종 사회서비스를 제공하고 있다. 그러다 보니 많은 사람이 자신의 나이가 65세가 되면 노인이라는 의식을 갖기 시작한다. 이러한 의식이 온 마음과 몸을 지배하여 갑자기 노인이 되어 버리게 하는 것은 아닐까?

그리고 사람들에게 노인하면 떠오르는 이미지는 어떤 것인지 질문하면 많은 사람이 '쓸모없는 존재' '고집이 센' '냄새나고 힘이 없고 무기력한' 등의 말을 한다.

누구나 나이가 들어가면 늙는다. 이러한 나이 듦과 늙음은 지극히 자연스러운 과정이다. 노인은 비록 나이가 들고 신체적으로 힘은 없을지라도 지혜로움이 있다. 젊은 시절의 다양한 경험이 지혜로움으로 발현되는 것이다. 그렇기 때문에 노인들을 바라볼 때 이상하게 본다거나 무시하는 태도로 그들을 대해서는 안 된다. 누구나 노인이 되기 때문이다.

어느 날 누군가 당신에게 또래들보다 나이가 들어 보인다거나 늙었다는 이야기를 들으면 기분이 어떠할까? 물론 누구나 세월이 흐르면서 멋지고 아름답게 나이를 먹고 싶어 한다.

노화(老化)는 인간이 출생해서 죽음에 이르기까지 겪는 전반적인 변화과정이다. 이것은 나이가 들면서 생물학적으로 쇠퇴하는 변화과정이나 연령의 변화를 의미하고, 전반적인 노화현상은 주로 육체적인 변화에서 표출된다. 인간의 성장과 발달과정 중 후반기에 해당하는 노화를 우리는 크게 생물학적인 노화와 사회적인 노화 그리고 심리적인 노화로 분류한다(Birren, 1959).

노인에 대한 의미를 단순히 나이가 들고 늙었다는 개념으로 단정 짓기보다는 신체적 기능 저하와 사회에서 느끼는 그들의 역할 강조 등으로 인한 심리적 변화 등을 겪는 것을 뜻하기도 한다.

이러한 이유로 신체적 · 심리적 · 사회경제적 특성으로 나눠 노인에 대해 살펴보고자 한다.

1951년 제2회 국제노년학회에서 노인을 인간의 노화과정에서 생겨나는 생리적 · 심리적 · 환경적 변화 및 행동의 변화가 상호작용하는 복합 형태의 과정에 있는 사람으로 보았다. 노인은 환경 변화에 적응력이 떨어지고, 신체기능이 쇠퇴하며, 자신을 통합하려는 능력이 감퇴되고, 생활 적응에 필요한 정신기능이 결손되어가는 시기의 사람을 의미한다(백진호, 현승권, 2005). 한편, 사회적 연령은 60세 이후에는 연금을 받아야 한다거나 은퇴시기로 인식하는 경우를 말한다. 하지만 노인을 경제적 생산성이나 사회적 생산성, 개인 상황과 관계없이 65세 이상이나 사회적 연

령으로 한정 짓는 것은 단지 사회적 · 경제적 분석에 의하여 명명한 것뿐이며, 노인
과 노화를 명명함으로써 부정적인 낙인문제를 유발한다는 논란이 제기될 수 있다.

노인을 역연령에 의하여 특정 그룹으로 구분하는 것은 정당성이 증명되지 못하
고 있으며, 특히 심리적 · 의학적 · 사회적 변인을 포함시키면 역연령으로서의 연령
구분은 무의미해진다(박기남, 2005). 정경희, 한경혜, 김정석과 임정기(2006)의 조사
결과에 따르면, 실제로 우리 사회 구성원이 노인이라고 생각하는 연령은 만 65세 하
나만이 아니었고, 70~74세가 37.4%로 가장 많으며, 65~69세가 36.6%, 60~64세
가 19.4%이었다. 노인들이 스스로 노인이라고 생각하는 연령은 70~74세가 47.2%
로 가장 많았고, 다음은 65~69세로 30.8%, 80세 이상이라는 응답도 4.3%에 달하였
다. 따라서 65세보다 높은 연령을 노인으로 인식하고, 노인에 따라 노년기를 다르
게 느끼고 있음을 알 수 있다.

나이가 든다는 것, 노년기에 접어든다는 것도 개인에 따라 달라질 수 있다. 노년
기를 역연령적 나이나 사회적 연령에 따라 일반화시키는 것은 문제가 있다.

Neugarten(1979)은 노년기를 하나의 시기로 보지 않고 전기노인과 후기노인으
로 나누어 구분하였다. 전기노인은 비교적 활발하며 건강상태도 양호하고 활동적
이나, 후기노인은 전기노인에 비하여 신체적인 문제와 장애를 갖고 있으며, 만성
질환의 비율이 높고, 일상생활능력에도 타인의 도움을 필요로 한다고 제시하였다.
Laslett(1989)은 노년기를 제3연령기(the third age)와 제4연령기(the fourth age)로 나
누어 설명하였다. 제3연령기의 노인은 건강하게 자신의 삶을 살아가는 노인들로,
이 시기는 개인의 성취 시기이며 개인 삶의 정점을 의미한다. 제4연령기의 노인은
혼자 독립적으로 살아갈 수 없는, 주로 시설이나 타인의 도움을 받는 노인이 여기에
해당되는 것으로 분류하였다. 제3연령기와 제4연령기의 구분에 있어서 연령과는
상관없이 퇴직 후 건강하게 자신의 삶을 살아가는 모든 노인은 90세가 되든 100세
가 되든 제3연령기로 본다는 것이다. 제3연령기와 제4연령기의 구분은 얼마만큼 독
립적으로 살아갈 수 있느냐 없느냐의 구분이다(신미식, 2005).

노년의 시기와 관련없이 노년기의 인식과 활동 수준에 따라 노인의 의미를 정의

하는 데 있어서 다양한 시각이 제시되고 있다(주용국, 2009; Duay & Bryan, 2006). 주용국(2009)은 노인의 유형을 실패자, 적응자, 생산자, 초월자의 네 가지 유형으로 제시하였다. 전통적인 관점에서 노인은 쓸모없는, 무기력한, 의존적인 존재라는 부정적 이미지와 더 이상 가치가 없는 실패자(failure)의 집단이라고 봄으로써 실패자모델(failure model)로 접근하는 경우가 지배적이었다(Moody, 2001).

1970년대 이후 서구에서는 노인문제를 바라보는 데 있어 실패자모델의 한계를 느끼게 되고 노년기를 실패의 시기라고 보기보다는 성공의 시기, 더 나아가서 새로운 창조의 시기라고 보는 관점이 대두되었다. 노인문제가 부정적인 측면에서 긍정적인 측면을 강조하는 방향으로 전환되면서 새로운 모델로 모색되기 시작하였다(Moody, 2001). 이런 과정에서 새롭게 등장한 모델이 적응자모델과 생산자모델이다(신미식, 2007).

적응자모델은 노화로 인해 찾아온 신체적·인지적·사회문화적 변화를 수용하고, 노화에 대한 적응과정에서 동화와 조절을 균형 있게 사용하여 부정적 변화를 보상할 수 있는 활동이나 모델을 선택해서 자신의 능력을 적정화(optimization)하며, 변화에 탄력 있게 적응하여 그 분야에서 성공을 거두기 위해 부족함을 보상(compensation)한다는 것이다(Baltes & Baltes, 1990). 적응자모델에서 한 단계 더 나아가 노인도 생산적일 수 있다는 관점에서 사회에 부담을 주는 존재가 아니라 노동자로서, 자원봉사자로서 사회에 기여하는 존재로 보고, 노년기를 개인적 성장과 더불어 사회적 공헌도 할 수 있는 생산적 시기로 보는 생산자모델도 제기되었다(Bass & Caro, 2001).

생산자모델에 의하면 노인도 젊은 사람 못지않게 사회활동에 적극적으로 참여할 수 있고, 사회에 기여하게 되면 노인은 자신감을 얻게 되어 삶의 만족도 얻게 되며, 사회에서 노인의 이미지 역시 크게 달라진다고 본다. 한편, 적응자나 생산자 모델을 벗어나 영성(spirituality)과 노년초월성(gerotranscendence)을 강조하는 초월자모델도 논의되고 있다.

영성은 일반적으로 삶의 의미와 목적에 대한 개인적 탐색으로 정의된다(Sadler &

Biggs, 2006). Ortiz와 Langer(2002)는 영성을 세분화하여 타인과의 연계, 삶에서 초월적 존재와의 관계, 삶의 파워(역경과 변화를 극복하기 위한 희망이나 신념 같은 개인적 전략)와 영성을 표현하는 경험으로 구분하였다. 노년초월성이론은 인간발달을 적응을 넘어서서 성숙과 지혜, 정체성과 개인의 준거 틀의 변화와 재구축을 향하여 인간이 발달하며, 보다 성숙한 극복 유형을 사용함으로써 삶의 만족감을 증가시킬 수 있다고 접근한다(Flood, 2002).

노년의 초월적 변화는 물질적이고 합리적인 관점보다 우주적이고 초월적인 메타 관점의 변화라고 할 수 있다. 이 변화 가운데 개인은 근본적 존재에 대한 새로운 이해를 경험하게 되고, 종종 우주의 일부로서 함께함을 느끼며, 자신과 타인에 대한 관계성을 새롭게 정의한다(Tornstam, 1996). 비록 노화에 의하여 신체기능이 쇠퇴하더라도 삶의 영성 차원은 노화과정에 의하여 감퇴하지 않는다. 영성과 노년초월성은 노후의 안녕(well-being)에 관련되고, 의미 있고 충만한 존재로 형성되도록 돕는 잠재적 자원으로 작용하기 때문에 노인의 영성과 초월성에 대한 관심은 매우 중요하다(Sadler & Biggs, 2006).

이처럼 '노인은 누구인가'라는 정의를 하나의 의미로 구분하는 것은 무의미해지고 있다. 단순히 역연령적 나이나 사회적 연령에서 기인한 패배자나 적응자의 인식에서 벗어나 노인 스스로가 제2 인생을 창조하는 생산자나 초월자로서의 인식의 전환이 필요하다.

　노화(aging)란 일반적으로 나이가 들면서 발생하는 생존능력 및 생식력의 저하, 특히 성숙기 이후에 있어서의 저하 현상으로 생리학적으로 불가피한 변화의 총화 또는 그 결과가 육체적으로 표출되어 나타나는 현상을 말한다. 또한 노화는 "시간의 흐름에 따라 유기체의 세포, 조직, 기관조직, 또는 유기체 전체에 일어나는 점진적인 변화"(Beaver, 1983)라고 일반적으로 정의되며, 출생에서 죽음에 이르는 전반적 변화과정으로 정의되기도 한다. 노화는 많은 경우 생물학적인 면에서의 노화를 대표적으로 의미하고, 경험적인 연구에 의해서는 연령 변화로 정의되기도 한다. 이처럼 노화는 인간의 정상적인 성장과 발달과정 전체의 한 부분이며, 적어도 세 가지 면에서의 변화과정을 포함한다. 즉, 생물학적 노화, 사회적 노화 및 심리학적 노화를 포함하는 넓은 뜻으로 이해되어야 한다는 것이다(Birren, 1959). 생물학적 노화(biological aging)는 신체의 기관과 체계의 구조 및 기능이 시간의 경과에 따라 변화하는 것을 의미하며, 사회적 노화(sociological aging)는 생활주기를 통하여 일어나는 규범, 기대, 사회적 지위 및 역할의 변화 등을 의미한다. 마지막으로, 심리학적 노화(psychological aging)는 축적된 경험에 의한 행동, 감각, 지각기능, 자아에 대한 인식 등이 시간의 변화에 따라 변화하는 것을 의미한다.

이에 생물학적인 측면, 사회적인 측면, 심리학적인 측면으로 나눠 살펴보고자
한다.

1. 생물학적인 측면

세상의 모든 척추동물은 어느 정도의 크기에 다다를 때까지는 계속적으로 성장
하다가 어느 상태가 되면 비로소 성장을 멈추고 신체적으로 최상의 상태를 유지하
는 비(非)성장단계에서 잠시 머물다가 차츰 퇴화하는 과정을 거쳐 결국 사망에 이
르게 된다. 즉, 유기체적인 존재로 출생한 인간은 이러한 생물학적 또는 신체적 변
화를 겪게 된다. 생물학적 퇴화과정이 재생성과정을 능가하여 결국은 유기체의 파
괴 현상이 일어나는데, 이 변화과정을 생물학적인 노화로 보는 것이다.

이러한 생물학적인 노화는 공통점이 있다. 첫째, 모든 인간에게 보편적으로 발생
한다. 둘째, 아주 점진적으로 그리고 장기적으로 진행된다. 셋째, 개인별 상태에 따
라 상당히 다르게 진행된다(예: 동안, 시력, 청력, 지각능력 감퇴의 차별화).

세계 어느 나라보다 빠른 속도로 우리나라의 노인 인구는 증가하고 있다. 미국
통계국(2015)이 공개한 '늙어 가는 세계: 2015(The Aging World: 2015)' 보고서에 따
르면 2014년에 73억 명이었던 전 세계 인구가 2050년에는 94억 명으로 늘어나고,
그중 65세 이상 인구는 6억 명에서 2050년에는 16억 명으로 불어날 것이라고 보
았다. 이 보고서에서는 우리나라의 노인 비율이 2050년에는 35.9%에 이르러 일본
(40.1%)에 이어 두 번째로 높을 것이라고 전망하였다.

또한 우리나라는 2015년에는 노인 비율이 13.0%에 불과해 상위 25위에도 들지
못했지만 현재는 급속하게 고령화가 진행되고 있음을 보고서를 통해 알 수 있다. 이
런 추세라면 34년 후 우리나라 역시 초고령 사회로 접어들 것이 분명하다. 이러한
변화는 여가생활 및 심리적 문제 등의 질적인 변화에도 관심을 보이고 있어 포괄적
인 관점으로 살펴볼 필요가 있다.

1) 생물학적인 노화

노화를 정의할 때에는 가장 먼저 외관상 보이는 신체적인 부분으로 정의한다. 특히 노인은 다양한 질병으로 인한 고통과 더불어 너무나 빠르게 변하는 자신의 신체적 노화에 매우 민감하게 반응한다. 피부와 지방 조직의 감소, 세포의 감소, 골격과 수의근의 약화, 치아의 감소, 심장 비대와 심장 박동의 약화 현상 등 신체 구조에 의한 쇠퇴가 나타난다. 이와 더불어 연골 조직의 석회질화로 키가 점차 작아지며 근육 사용이 줄어들어 바른 자세를 유지하기가 힘들어진다. 그리고 전체적으로 몸을 지탱하는 무릎과 엉덩이 근육의 기능이 저하되고, 자세의 변형으로 인해 전체적인 측면 자세의 변화가 일어나며, 호르몬 분비의 불균형으로 인해 살이 찌기도 한다. 한편, 건강에서는 노화가 진행될수록 각종 병의 발병률이 높은 고혈압성 및 뇌혈관 질환과 치매성 질환을 동반하는 병에 걸릴 위험이 높다. 특히 우리나라 노인의 질병 상태를 보면 10명당 약 9명이 하나 이상의 만성질환을 갖고 있는 것으로 나타났다. 한국보건사회연구원의 2015년도 노인실태조사결과에 의하면 신체적 거동의 어려움을 수반하는 경우가 많으며, 이에 따라 장기요양보호의 필요성도 증가하고 있다고 한다. 이처럼 노인들에게 신체적 변화가 가져다주는 많은 요인으로 인한 여러 문제에 대처할 수 있는 방법을 통하여 건강한 노화, 행복한 삶을 지속할 수 있도록 해주어야 한다.

2) 생물학적인 노화의 특징

(1) 뇌의 변화

인간의 신체 중 가장 먼저 노화가 시작되는 곳이 바로 뇌(腦)이다. 인간의 나이 20~40세 사이가 뇌의 활동이 가장 활발한 시기이며, 그 크기와 무게도 최대에 달하고, 약 100억 개의 뇌세포들이 활발히 움직인다. 그러나 차츰 노화가 진행되고 뇌세포가 소실되면서 50대 이후부터는 그 소실의 정도가 심해지고 뇌의 크기와 무게도 줄어든다. 또한 뇌의 순환도 저하되고, 뇌 속에 지방색소가 쌓이게 되면 뇌의 색깔도 회백색에서 황색으로 변한다. 한편, 뇌의 노화는 비타민 E가 결핍되면 더욱 촉진된다. 이처럼 노화가 진행될수록 뇌세포가 재생되지 못하여 최근의 새로운 일을 기억하지 못하는 등 기억력 감퇴가 빈번히 발생한다. 뇌세포에 영양 공급이 원활하게 되지 않아서 신경전달물질의 양이 감소하고 이 신경섬유가 엉키게 되면서 점점 활력과 생기를 잃게 된다. 이와 더불어 급격한 정서적인 변화도 발생하여 희로애락(喜怒哀樂)을 느끼는 수준도 적어진다.

(2) 신체의 변화[골격과 신장의 변화, 그리고 근(筋) 구조와 피부 등]

20대 초반까지 형성된 골격은 노화가 진행되면서 칼슘이 빠지고 골밀도가 낮아지며 허리 또한 구부정해지면서 치아도 약해진다. 여성의 경우에는 특히 골다공증이나 골절의 위험이 커진다. 더불어 신장(키)도 젊었을 때에 비해 남자는 평균 2.3% 정도, 여자는 2.5%까지 줄어들고, 체중은 대체로 증가하지만 60세 이후에는 감소하는 편이다. 약 30세가 되면 근육의 발달은 최고조에 다다르고 그 이후에는 차츰 감소한다. 그리고 급격한 노화가 진행되면서 근세포가 없어지고 근세포의 크기 자체도 감소하여 근육량이 줄어들게 된다. 또한 인대도 점점 경직된다. 피하지방질이 소실되면서 피부도 점차 탄력을 잃게 되고 주름살이 늘어나며 흰머리가 생기고 모낭이 약화되어 머리털이 빠지기 시작하면서 급기야 대머리가 되거나 백발 혹은 얼굴에 반점 등이 나타난다.

이렇게 신체 외부의 노화와 더불어 신체 내부에서도 노화가 진행된다. 다른 기관의 기능에 비해 소화기능은 비교적 오래 유지가 되지만 음식물이 위에 머무르는 시간이 길어지거나 음료와 음식물의 기도 흡입의 위험성이 증가한다. 또한 약해진 치아 때문에 씹는 기능이 약화되고 침 혹은 위액 분비가 감소되어 소화에 어려움을 겪게 된다. 소화기능의 약화는 체내 영양분의 흡수율도 저하시키고 더불어 대장의 기능도 약화시킨다. 폐는 노화와 함께 탄력성이 떨어져 호흡 횟수가 증가하고 혈중 산소압과 폐활량이 감소하여 저산소증이나 고탄산증에 걸리기 쉽다. 기도나 폐의 기능도 저하되어 폐렴 등에 쉽게 걸리게 된다(김애순, 2004). 노화에 따른 심장의 박동률도 50대에 접어들면서 불규칙해진다. 특히 혈액을 응고시키는 성분의 증가로 인해 혈전이 생기고, 혈관벽 내의 탄력 감소는 심장질환의 원인이 된다. 신장의 기능 저하는 소변 속에 당과 단백질을 배출시키고, 방광의 크기가 줄어들며, 근육에 탄력을 잃으면서 요실금 등도 발생한다.

한편, 노인의 평균 수면시간은 5~6시간 정도로 알려져 있으나 노화가 진행될수록 수면시간도 줄어들고, 수면의 양상이 변화되어 깊은 잠도 취하기 어려워진다. 뇌의 충분한 휴식이 점차 불가능하게 되면서 노인의 인지활동이나 정서생활에 영향을 주게 된다. 노화는 생식기능에도 변화를 일으킨다. 남성의 경우에는 대체로 50대와 60대 사이에 생식능력이 중단되고, 여성의 경우에는 갱년기 현상(Kimmel, 1974)과 더불어 40~50대 사이에 폐경을 경험한다. 이때 월경이 중단되고, 따라서 자녀를 생산하는 기능도 중단된다.

이 외에도 노화는 세포 조직의 재생기능을 퇴화시키고 신진대사도 낮아지면서 기초대사율을 떨어지게 한다. 그러나 혈액 속의 당분인 탄수화물 대사율은 증가하여 혈당량이 높아지며 당뇨병 발병을 높인다.

3) 생물학적 노화이론

인간의 노화와 관련된 다양한 이론이 있다. 다음은 유전과 관련된 이론들이다.

(1) 유전적 이론
유전적 이론에는 예정계획이론과 DNA작용 과오이론이 있다.

유전적 이론	예정계획이론	유전인자(DNA)에 노화의 정도가 미리 프로그램화되어 있기 때문에 유기체가 시간이 경과함에 따라 프로그램화되어 있는 노화의 속성이 드러나 노화가 일어난다고 보는 이론이다.
	DNA작용 과오이론	DNA가 단백질 및 효소와 결합하는 과정에서 DNA에 포함되어 있는 유전코드와 맞지 않는 것을 생산하게 되는데, 이때 쌓인 단백질이나 효소가 축적되어 노화가 일어난다고 보는 이론이다.

(2) 비유전적 세포이론

비유전적 세포이론에는 노폐물 축적이론과 활성산소이론(유해산소이론)이 있다.

비유전적 세포이론	노폐물 축적이론	세포 속에 유해물질이나 제거되지 않은 각종 폐기물이 쌓이게 되어 세포의 정상적인 기능을 방해하기 때문에 노화가 발생한다고 보는 이론이다.
	활성산소이론	세포가 산소를 흡수하여 신진대사를 수행하는 과정에서 짝을 짓지 못한 전기물질(electron)을 하나 더 가진 불안정한 물질을 생성하게 되는데, 이것을 활성산소라고 한다. 이 활성산소의 생성은 돌연변이, 단백질 기능의 변화 등의 부작용을 초래하는데, 이것이 노화를 불러일으킨다고 보는 이론이다.

(3) 면역이론

면역이론에는 면역반응이론과 자동면역반응이론이 있다.

면역이론	면역반응이론	항체가 이물질에 대한 식별능력이 저하되어 이물질을 제대로 파괴하지 못하여 남은 이물질이 계속 체내에 있으면서 부작용을 일으켜서 노화가 발생한다고 보는 이론이다.
	자동면역 반응이론	면역체계가 항체를 만들 때 정상세포까지 파괴하는 항체를 형성하면서 이것이 정상세포를 파괴하므로 노화가 진행된다고 보는 이론이다.

(4) 생리적 통제이론

생리적 통제이론에는 스트레스이론과 단일기관이론이 있다.

생리적 통제이론	스트레스이론	스트레스가 점차적으로 축적되어 노화가 유발된다고 보는 이론이다.
	단일기관이론	단일기관이론 중에서 가장 잘 알려진 심장기관이 기능을 잃음으로써 동맥경화증이나 혈관이 나빠지고, 그 질병들에 의해 노화가 발생한다고 보는 이론이다.

2. 사회적인 측면

1) 사회적인 노화

사회적 동물인 인간은 사회적인 상호작용을 중요하게 생각하지만 점차 노년기에 접어들면서 자녀의 독립으로 인한 부모로서의 역할, 즉 가정에서의 역할과 사회적 역할이 줄어들게 된다. 사회적 역할의 감소로 자칫 우울감에 빠지거나 무기력증에 빠지기도 한다. 또한 사회의 규범이나 자신을 향한 기대치 혹은 사회적인 지위의 변화도 함께 경험하게 된다. 이처럼 활발히 활동하던 젊은 시기를 거쳐 어느 순간 사회의 전면에서 물러나 삶의 영역에서 자신의 역할이 제한되거나 소멸되어 가는 것을 '사회적 노화'라고 한다. 이러한 사회적 노화로 인해 노인들이 자신의 역할을 상실하는 데에서 오는 활동의 감소로 사회적 부적응이라는 형태의 모습을 나타내기도 한다(최성재, 장인협, 2004).

2) 사회적인 노화의 특징

인간의 사회화는 사회적 역할규범이 있어야 이루어지는데, 노년기에는 확정된 사회적 역할규범이 정립되어 있지 않아서 노인의 입장에서는 쉽지가 않다. 인간이

태어나 성장하면서 자신이 살고 있는 지역사회에서 소속감을 느끼고 상호작용을 하기 위해 많은 에너지를 쏟고 학습하고 성장해 왔지만, 정작 성인이 되고 노인이 되고 나면 사회화는 개인의 몫으로 남게 된다. 이러한 성인과 노인의 사회화는 자기주도적 또는 자발적으로 이루어지고 자신이 처한 사회적 역할에 의해 이루어지기 때문에 노년기에 이르러서 사회적 역할이 없어지면 사회화의 위기를 맞을 수 있다. 아직까지 우리 사회는 노인의 사회화에는 별로 관심을 두지 않고 있으며 준비도 미흡한 실정이다.

개인이 집단이나 사회에서 가지게 되는 직업에 의해 만들어지는 직업역할은 사회화의 매우 중요한 수단이 될 수 있다. 이 역할은 한 개인이 사회 안에서 가지는 자아정체성이 되기도 한다. 그러나 노년기의 은퇴로 인한 직업역할의 상실은 가정에서 생계유지자 또는 경제적 공급자로서의 지위도 상실하게 만들어 노인의 가족 내 영향력도 약화시킨다. 사회에서 지급되는 연금도 은퇴 전 월급의 절반 이하의 수준에도 미치지 못하므로 대부분의 노인은 경제적 능력의 상실로 이중고를 겪기도 한다. 이러한 흐름은 경제적으로 매우 힘든 상황으로 내몰게 하는 현실 또한 노인의 사회화를 어렵게 만드는 요소라고 할 수 있다.

3) 사회적 노화이론

노인의 사회적 노화와 관련이 되는 이론은 크게 고전적 이론과 사회구조적 이론이 있다. 이 이론들은 노인들의 사회화를 어떤 관점에서 바라보고 있는지에 대해 설명한다.

(1) 고전적 이론

고전적 이론은 노인의 사회화 이론으로, 활동이론(activity theory; Lemon, 1972), 분리이론(disengagement theory; Henry, 1961), 하위문화이론(subculture theory; Rose, 1965)으로 나눌 수 있다(최해경, 2016).

고전적 이론	활동이론	사회적 활동의 참여 정도와 노인의 생활만족도는 상관관계가 있어서 노인의 사회적 활동의 참여 정도가 높을수록 노인의 심리적 만족감 또는 삶의 만족도가 높다고 보는 이론이다. → 그렇기 때문에 노년기도 심리적·사회적인 욕구를 가지고 있고, 강제 퇴직이나 건강 악화로 인해 사회활동의 제약을 갖게 되면 부정적인 자아상을 형성할 가능성이 있다.
	분리이론	노인이 개인의 입장에서 사회체계의 존속을 위하여 본인과 사회를 분리시키고, 이것을 피할 수 없는 정상적인 것이라 보는 이론이다. → 분리, 은퇴·퇴직 제도의 개념이 이와 비슷한 맥락이다.
	하위문화이론	'노년기'와 '사회적인 소외'라는 공통된 주제를 나눌 수 있는 노인들에게 그들만의 특유의 하위문화를 형성하고 발전시킬 수 있다고 보는 이론이다.

한편, 지금까지 설명한 이론들에 대한 문제점이나 비판의 목소리도 있다. 왜냐하면 활동이론은 분리이론과는 대조적인 시각을 가지고 있고, 미국의 노년 사회학에서 형성된 이론이기 때문에 다른 나라에 적용할 수 있는가에 대한 비판 또한 심심찮게 대두되고 있다. 노인의 사회활동 참여는 어느 사회나 보편적으로 삶의 만족도를 향상시키는 작용을 한다는 것에 아마도 많은 이가 동의할 것이고, 하위문화이론도 노인과 젊은 세대의 '다름'보다는 오히려 노인 간에 차이가 더 클 수 있다는 사실을 파악하지 못했다는 논란이 있다(Hendricks & Hendricks, 1992).

(2) 사회구조적 이론

개인의 행동이나 특성은 사회체계에 의하여 결정된다는 것이 이 이론의 핵심이다. 사회는 각각의 하위체계를 가지며, 그 하위체계들의 역동적인 상호작용에 의하여 다양한 구조적 특성으로 개인의 역할과 지위가 결정된다고 본다.

이 사회구조적 이론은 노인의 사회화 이론으로 연령계층이론(age stratification theory; Riley & Foner, 1968)과 현대화이론(modernization theory; Cowgill & Holmes, 1972)으로 나눌 수 있다.

사회 구조적 이론	연령계층 이론	• 사회는 기본적으로 연령층으로 구분되어 구성되어 있고 서열화되어 있다고 보는 이론이다. –동일한 연령층은 서로 비슷한 역사적인 경험을 하면서 살아왔기 때문에 비슷한 태도와 가치를 가지고 있다. –각각의 다른 연령층의 사람들은 각자의 역할수행능력을 가지고 사회적 역할을 수행하고 있고, 사회에서 부여 받은 권리와 특권도 다르다. → 노인도 그들만의 사회적 역할과 지위를 찾아야 하고, 노인에게 활용 가능한 지위를 부여하여야 한다고 보는 이론(Riley, 1980)이다.
	현대화 이론	• '현대화'가 노인의 지위를 약화시키고 있다고 보는 이론이다. –각 분야의 새로운 개발과 기술의 발전, 도시화 등이 노인을 노동현장에서 몰아내고 사회적으로 고립시켜 노인의 지위가 떨어지고 있다고 주장한다. 그러나 이 이론은 현대화 이전에는 모든 노인의 사회적 지위와 권력이 높았다는 가정을 전제로 받아들여야 하는데, 개인적인 차이 요소(성별, 문화, 인종, 계층 등)는 무시하고 있다고 비판하는 입장의 사람들도 있다.

4) 사회경제적 특성

노화의 개념에는 생물학적·심리적·사회적 노화의 개념이 포함되어야 한다는 Birren(1959)과 맥을 같이하여 Breen(1960)은 노인을 정의함에 있어서 ① 생리적 및 생물학적인 면에서 퇴화기에 있는 사람, ② 심리적인 면에서 정신기능과 성격이 변하고 있는 사람, ③ 사회적인 면에서 지위와 역할이 상실된 사람이라고 하였다. 즉, 노인은 생리적 및 신체적 기능의 퇴화와 더불어 심리적인 변화가 일어나서 개인의 자기유지 기능과 사회적 역할 기능이 약화되고 있는 사람이라고 노화의 복합적인 측면을 고려하여 추상적으로 정의할 수 있다(최성재, 장인협, 2004).

노인들의 경우 대부분 경제적으로 매우 빈곤하며, 아무런 소득활동이 없는 경우가 대부분이라는 점이다. 우리나라의 노인은 사회적 지위의 상실과 함께 경제적 능력이 저하됨에 따라 사회와 가정에서 자신의 권위도 함께 약화된다고 느끼기 때문에 의존성은 증가하면서 소외감과 고독감을 많이 느끼게 되는 것이다.

한편, 우리나라의 노인 빈곤율은 경제협력개발기구(OECD) 국가 중 독보적인 1위이다. 2011년 기준 우리나라의 노인 빈곤율은 45.1%로 OECD 평균 13.5%보다 3배가 넘고, 2위인 아일랜드(30.6%)보다 약 15% 포인트(p)나 높은 수치를 기록했다. 75세 이상의 노인 빈곤율은 49.8%였고, 독신 가구의 경우에는 무려 76.6%라는 높은 빈곤율을 나타냈다. 독거노인의 경우 10명 중 8명이 빈곤층이라는 얘기이다. 2016년 3월 한국보건사회연구원의 '고령 1인 가구 거주자의 생활현황' 연구에 따르면 가구주가 60대 이상인 1인 가구가 2012년 기준 147만 가구로, 이는 60세 이상 가구주의 34.5%에 해당될 정도로 높은 비율을 나타내고 있다. 이 중 80세 이상의 고령 1인 가구 거주자는 86.3%, 70~79세는 81.8%, 60~69세는 67.8%가 여성으로 집계되었다. 2025년에는 65세 이상의 고령인구가 1천만 명을 넘어선 뒤 2050년에는 1천799만 명을 기록해 전체 인구의 37.4%가 고령인구가 되며, 65세 이상 노인인구의 비율은 1990년에 220만 명(5.1%)이었던 것이 2015년에는 662만 명(13.1%)으로, 2030년에는 1,269만 명(24.3%), 2060년에는 1,762만 명(40.1%)에 이를 것으로 추정되어 초고령 사회가 될 것으로 전망된다(통계청, 2015). 노인인구의 급속한 증가는 노인층에게는 경제적 빈곤, 질병, 소외 및 고립문제 등의 사고(四苦)문제와 젊은 세대에게는 노인부양의 부담으로 인한 사회적 문제를 야기시켜 세대 간 갈등을 초래할 수도 있다. 노인에게는 길어진 노후를 살아가야 하는 문제와 우울 같은 심리적 불안 및 노인학대와 자살 증가 등의 새로운 사회문제가 야기되고 있다.

2012년 기준 통계청 자료에 따르면 맞벌이 부부 중 510만 가구의 절반 정도가 자녀를 키우는데 할머니, 할아버지의 도움을 받는 경우가 50% 정도이며, 워킹맘이 아닌 경우에도 조부모가 함께 육아를 하고 있는 경우가 10% 정도로 나타났다.

최근 이처럼 일하는 자녀들을 위해 할머니, 할아버지가 손자, 손녀를 대신 돌보는 이른바 '황혼 육아'가 늘어나면서 '할마(할머니+엄마)' '할빠(할아버지+아빠)'라는 신조어까지 등장하였다. 2016년 1월 한국여성정책연구원이 현재 손자, 손녀를 돌보고 있는 조부모 500명을 대상으로 실시한 설문조사를 보면 이들 중 73.8%(369명)가 황혼육아를 그만두고 싶어 하였으며, 계속 돌보고 싶다는 조부모는 26.2%(131명)에 그쳤다. 이처럼 황혼육아를 그만두고 싶은 이유로는 '육체적으로 너무 힘들다'(44.4%)는 대답이 가장 많았다. 황혼육아 조부모들의 노동시간은 일주일 평균 47시간이다. 조부모의 육아노동으로 인해 허리, 팔다리, 심혈관계, 우울증 등 심신건강에 문제가 생기기도 하며, 양육방식을 둘러싸고 자녀세대와의 갈등도 증가하고 있는 추세이다(한국여성정책연구원, 2016).

이런 과정에서 노인은 더욱 허무함과 우울감을 느끼며 자신이 정작 잘 살아왔는지, 현재 잘 살고 있는지, 앞으로 어떻게 살아야 하는지에 대한 노년의 자아통합이라는 발달과업을 고민하게 된다(Erkison, 1968).

나이가 들어갈수록 '나는 누구인가?' '나는 어떤 삶을 살아왔는가?' '나는 어떤 삶을 살아가고 싶은가?' 등 끊임없는 자아에 대한 질문을 통해 삶의 의미를 찾고 싶어 한다. 여성 노인은 이러한 자신의 정체성 문제와 삶의 의미 문제에 직면하여 문제해결의 한 방안으로 평생교육에 참여하는 경우가 많다. 왜냐하면 학습은 인간의 본성으로 내재되어 있고(한준상, 2002), 자신의 삶의 전반을 통한 전환의 시기에서의 학습경험은 삶의 변화를 이어 주는 주요한 국면으로 간주되어 왔기 때문이다(Cranton, 1997, 2006; Dirkx, 1997; Merriam, 1998; Merriam & Caffarella, 2007; Mezirow, 1990, 1991, 2000).

3. 심리학적인 측면

1) 심리학적인 노화

인간은 자신을 둘러싸고 있는 환경에서 특정 현상을 감지하고 생각하고 반응하고 행동하는 존재이다. 심리학적인 면에서 노년기 노인의 일반적인 특성은 감정 표현과 성격이 변한다는 것이다(감정, 욕구, 동기와 정서의 변화). 인간은 나이가 들면 심리적으로 의존성이 강해지고 우울해지고 미래지향적이기보다는 과거지향적이기 쉽다.

2) 심리학적인 노화의 특징

◆ 감정과 성격의 변화

노년기에 접어들면 노인들의 감정 경험과 표현 그리고 감정 조절과정이 안정적으로 변화하고 이 변화는 끊임없이 계속된다. 그러나 노인의 감정과 관련되어 있는 잘못된 오해들이 있다. 흔히 나이가 든 노인의 감정은 무디고 무미건조해진다고 생각하지만 사실은 오히려 더 풍부하고 성숙한 감정을 가진다. 또한 나이가 들면 외부로 드러나는 감정표현이 적다고 여기지만 사실 이것은 고령화와 관련이 있다기보다는 노인이 속한 사회문화적인 요인이 더 크게 작용하는 것으로 보인다. 다시 말해, 나이 든 노인은 점잖아야 하고 감정을 쉬이 드러내지 않는 것이 품위가 있다고 사회적인 압력을 주기 때문이다. 과거에 이러한 노인의 감정과 연결된 성격에 관한 연구들이 행해졌다. 아동기에 거의 결정되는 성격은 평생에 걸쳐 별로 변하지 않는다고 알려져 왔으나(Moss & Susman, 1980; Thomae, 1980), 사실은 사람의 성격은 노화가 진행됨에 따라 변하고(Woodruff & Birren, 1983), 노년기에 접어들수록 우울증 성향이 높아진다(윤진, 1988).

개인이 가지고 있는 신체적인 질병과 배우자의 죽음 또는 재정 상황 악화, 가족과 사회로부터의 고립 그리고 지난 세월에 대한 회상과 회한이나 기억력 감퇴 등은 노인들의 우울증 증가의 원인이 된다고 한다. 노인들은 사회적 역할이 없어지기 때문에 활동 방향을 외부보다는 내부로 돌리게 되면서 내향성과 수동적인 경향이 많아지고, 아무런 이득이 없음에도 불구하고 옛날 방식을 고수하기 때문에 젊었을 때 가졌던 융통성도 줄어들어 익숙한 사물에 대한 애착을 많이 가지게 된다. 그리고 50대가 넘어가면서 여성 노인은 점점 남성화되고 남성 노인은 점차적으로 여성화되는 성 역할의 변화로 인해 점점 양성성을 가지게 된다. 마지막으로, 노년기에 접어들면서 생물학적인 변화와 사회학적인 변화가 생기면서 신체적으로 약해지다 보니 심리적으로 의존성이 커진다. 그러나 이러한 변화는 지극히 정상적이다.

이선자(1992)에 따르면 노인들의 심리적 특성으로는 죽음에 대한 두려움, 타인에 대한 의존성, 일상생활이나 사회적인 부분에서 자신의 위치에서 느끼는 절망감, 고독, 소외감, 자기주장이 강함, 고집스러움, 자아존중감 상실로 인한 성격 변화 등이 나타난다고 하였다. 이처럼 사람의 노화는 개인에 따라 차이가 있지만 누구나 노인이 되면 신체적인 기능이나 일상생활능력의 저하가 나타나 기본적인 일상생활을 독립적으로 하기가 어렵게 되거나 다른 사람의 도움을 필요로 하는 경우가 증가한다.

노인이 겪게 되는 신체적 변화와 더불어 나타나는 정신적 어려움은 주변 사람들의 관심과 사랑을 절실하게 요구한다. 따라서 노인의 심리적 측면에서 자신의 삶을 스스로 사랑하고 행복감을 느끼며 그와 함께 삶의 질을 높일 수 있는 제도적 체계를 마련해 주어야 할 것이다.

3) 심리학적 노화이론

노인의 심리학적 노화와 관련 있는 이론에는 발달과업이론과 정체감 위기 및 유지 이론이 있다. 이 이론들은 노년기 노인의 심리학적 노화를 어떤 관점에서 바라보고 있는지 설명한다.

(1) 노인의 발달단계

노인을 구분하는 기준은 확실하지 않다. Robert J. Havighurst는 인간은 출생부터 노년에 이르기까지 6단계의 주요과정을 거친다고 했는데, 노년기는 60세 이후로 보고 있으며, 노년기를 전후반기로 나누어 후기 성숙기를 65세 이후 사망하기까지의 시기로 보고 있다. Daniel Levinson의 '인생주기모형(season of man's life)'에서는 60~65세를 노년기의 전환기로 보고 65세 이후를 노년기로 정의하고 있으며, Eric H. Erikson도 심리사회적 발달단계 중 마지막 8단계로 '통합성 대 절망'의 심리사회적 위기를 경험하는 성인 후기인 65세 이후를 노년기라고 하였다. Erikson의 심리사회적 발달이론을 확장하여 Newman(2014)은 노년기 중 75세 이후를 새롭게 발달단계를 제안하여 75세 이전과 이후로 나누었다. 우리나라에서는 노년기를 65세 이후로 규정하여 의료 및 생활보호 대상자로 선정하고 있다.

여러 학자가 나눈 노년의 연령 기준과 연령별 단계에 대해 정리하면 다음과 같다.

• 노년기로의 전환기(60~65세)

중년기(45~60세)를 종결하고 노년을 준비하는 시기로, 자신이 살아온 인생에 대해 뒤돌아보고 자신의 삶에 대한 의미를 재평가하여 새롭게 시작되는 노년기에 필요한 기반을 마련하는 시기이다. 이때 신체적 노화 및 정서 불안 등으로 죽음에 대한 생각이 많아지므로 주변을 살펴보며 노화에 대해 긍정적으로 받아들일 수 있도록 해야 한다. 또한 이 시기는 은퇴를 준비하는 단계로, 직장 혹은 직업에서 벗어나 이후의 생활에 대해서 대책을 마련해야 하는 시기이기도 하다.

• 전기 노년기(65~75세)

은퇴를 경험하는 시기로, 자신의 삶에 대해 받아들이고 새로운 역할과 활동을 함으로써 그동안 하지 못했던 일을 하면서 여유와 행복감을 느끼며 생활하는 시기이다. 따라서 가족과 주변 사람과의 관계가 매우 중요하며 지적 활력을 유지하여야 한다.

• 후기 노년기(75세 이후~)

여러 가지 어려움으로 인해 타인의 도움을 받아야만 일상생활에 대처할 수 있는 시기이다. 여러 과정을 거치는 동안 개인차가 있지만 후기 노년기에는 신체적 건강이 삶의 질에 매우 큰 영향을 미치는 시기이므로 신체적 변화에 대처하며, 그동안의 삶에 대한 경험을 통합하여 새로운 삶의 구조 변화에 적응을 하여야 한다. 우리 모두는 언젠가는 생을 마감한다. 특히 인생을 마무리하는 시기이기도 한 후기 노년기에는 주변 사람들의 죽음을 보게 되고 자신도 언젠가 죽을 것이라는 것을 자각하는 시기이다. 인생의 마지막 작별을 제대로 잘해 내기 위해서 죽음에 대해 제대로 이해하고 수용하도록 하여 죽음이 삶에서 가장 중요하게 다루어져야 하는 인생의 마지막 단계임을 알도록 하는 것이 중요하다.

(2) 발달과업이론

발달과업이론에는 Erikson의 심리사회발달이론과 Havighust의 발달과업이론이 있다.

첫 번째 발달과업이론인 노인의 심리학적인 노화와 관련된 이론으로 Erikson의 심리사회발달이론이 있다.

Erikson은 개인이 성장발달단계마다(8단계) 주어진 일을 성공적으로 완수함으로써 긍정적 자아발달을 이루어나갈 수 있다고 주장하였다. 이 성장발달단계 중 마지막

Eric H. Erikson

단계가 노년기이며, 노년기에는 긍정적인 '자아통합(Ego integration)'을 이루는 것이 중요하다고 보았다.

긍정적인 자아통합이란 노인이 과거의 자신의 삶을 되돌아보며 '자신이 잘 살았다' '자신의 삶에 만족스럽다'라고 인정하면 죽음에 대해서도 겸허하게 받아들이는 태도가 생긴다는 것을 의미하는데, 이 긍정적인 자아통합이 이루어지지 않으면 노인은 삶이 불행하다고 느끼게 된다. 또한 Erikson은 개인이 성장하면서 각각의 단계에서 해결하지 못한 일이 남아 있으면 마지막 통합과정인 '자아통합'을 이루지 못하게 되고, 이것은 노인이 노년기에 자신의 삶에 대한 후회와 원망을 느끼게 한다고 주장하였다.

두 번째 발달과업이론인 노인의 심리학적 노화와 관련된 이론으로 Havighust의 발달과업이론이 있다. Havighust는 인간의 삶을 6단계에 걸쳐 있다고 보고, 각 단계마다 성취해야 하는 목표를 이루면 행복해지고 다음 단계의 목표를 성공적으로 수행하는 데 도움이 된다고 보았다. Havighust가 주장한 노년기에 성취해야 하는 과업으로 신체와 건강의 약화에 순응, 재정적인 수입 감소에 적응, 배우자 사망에 적응, 동료 집단과 유대관계 결속, 자신의 역할을 융통성 있게 수행하고 적응, 생활하기에 적합한 물리적인 환경을 만드는 것이 노인의 행복을 위해 필요하다고 주장하였다.

(3) 정체감 위기 및 유지 이론

노인의 심리학적 노화와 관련된 이론으로 정체감 위기 및 유지 이론(Archley, 1971)이 있다. 노년기에 퇴직과 함께 사라진 사회적 역할은 노인의 자아정체성에도 위기감을 느끼게 하는데, 정체감 위기 및 유지 이론은 노인이 자신의 역할을 한 가지가 아닌 여러 가지 역할로 다시 바라보고 이 다양한 역할을 통하여 자신을 바라본다면 젊었을 때 가졌던 사회적인 역할만이 자신의 자아정체감을 유지해 주는 기반이 아니라는 것을 깨닫게 된다. 그래야 퇴직 후에도 여러 가지의 사회적 역할을 만들어 그것을 수행하며 자신의 자아정체감을 계속적으로 유지할 수 있다. 이것이 노인에게는 행복감을 느끼게 해 줄 것이라고 주장하고 있다.

02

노년기 인생:
인생 3기와 인생 4기

정년 퇴직한 60대가 서울 북한산에 '출근'한 첫날. 노장 몇 사람과 어울려 막걸리 사발을 기울이던 중 자기소개를 시작했다. 주절주절 한참이나 이어진 건 왕년의 화려한 경력. 반면, 좌중은 듣는 둥 마는 둥 무표정 일색이더니 소개가 끝나자마자 기다렸다는 듯 대뜸 묻는다. "근데 돈은(얼마나 가졌소)?"

이 질문에서 여러분은 어떤 생각이 드는가?

과거 베이비부머(baby boom generation, 1946~1965년생)에게 있어 퇴직 이후의 삶에서 돈은 매우 중요하며, '다다익선'이라는 생각이 지배적이었다. 왜냐하면 베이비부머 세대는 노부모 봉양은 제 몫이나 정작 자신은 자식으로부터 부양을 기대조차 못하는 '낀 세대'이기 때문이다. 여기서 의문이 든다. 돈만 있다고 행복할까? 더 중요한 건 없을까? 대답에 앞서 오류부터 살핀다. 돈만 있으면 된다는 생각은 노후에 대한 부정적 인식의 함의이다. 살아야 얼마나 살겠어, 그 나이에 뭘 하겠어, 여분의 자투리 삶에…….기대수명 칠팔십에서는 그럴 만했다.

하지만 '백세지기'가 대세인 요즘은 다르다. 수명 연장으로 얻은 '보너스 30년'을 망각한 '시대착오적 오해'이다. 중년(中年)에 대한 세인의 시각도 교정되고 있다. 최근 이슈가 되고 있는 '긍정의 심리학' 덕분인데, 이전까지만 해도 '경계선상 위기의 세대'라는 부정적 시각이 일색이었지만 지금은 어떤가? '2차 성장(second growth)을 통해 성공적 노화(aging well)를 준비하는 제3연령기(third age)'로 받아들이고 있다.

100세 시대의 인생 3기는 1차 경제활동 시기를 마무리함과 동시에 자기성취의 시기이자 제2의 성장 시기이며, 나다운 나의 창조활동을 해야 함을 의미한다. 인생 4기는 타인의 도움을 받으면서 자아통합과 노년초월을 해야 하는 시기이다. 이처럼 노년이란 멈춰진 시간이 아니라 '나'라는 존재의 의미를 깊이 성찰하여 완성시킬 수 있는 시기이다(한혜경, 2015). 경제력과 학식을 갖춘 건강한 노인이 더욱 많아질 것이다. 과거 노인과 노화에 대한 인식은 문제 등의 부정적인 인식이 초점이었으나, 최근 노인인구의 양적 증가뿐만 아니라 과거보다 교육 수준과 경제적 수준이 향상되면서 노인의 삶의 질을 높이고 성공적인 삶을 지원하고자 하는 관심이 높아지고 있다(주용국, 2009). 이에 따라 인생 3기의 과업은 제2의 성장(the second growth)이고, 제2의 성장에서 중요한 것은 노년기에도 창의력을 활용하여 자신의 생활을 쇄신하고 새로운 방향으로 나아가는 것이어야 한다(주용국, 2009; Sadler & Biggs, 2006).

1. 노인의 욕구

Sadler(2006)는 제2의 성장을 위한 여섯 가지 원칙을 다음과 같이 제시하였다. ① 습관적 생활 재검토와 생활 변화의 위험 감수, ② 현실적 낙관주의 태도 개발, ③ 긍정적인 제3기 인생의 정체성 확립, ④ 일에 대한 재정의와 일과 여가의 조화, ⑤ 개인적 자유와 친밀감의 조화, ⑥ 자기와 타인에 대한 배려의 생활태도 조성이다.

앞의 여러 학자의 연구들에서 강조된 것처럼 모든 사람의 삶 속에서 지속적인 성장을 거듭함과 동시에 평생교육의 이념처럼 무언가를 끊임없이 배우고자 하는 욕구는 노인들도 젊은 사람 못지않게 강하다는 점이다. 한편, Laslett(1989)은 인생을 4주기로 나누었다.

제1기 인생(the first age)은 출생부터 공식 교육의 종료 시기까지를 의미하며, 주로 의존과 교육 및 훈련의 시기이다. 제2기 인생(the second age)은 취업부터 퇴직까지의 시기로, 취업과 이를 통한 경제적 독립과 가족부양의 의무 수행의 시기이다. 제3기 인생(the third age)은 퇴직 후 건강하게 지내는 시기로, 제2인생을 사는 자기성취(自己成就)의 시기이다. 제4기 인생(the fourth age)은 허약해지고, 질병과 장애로 인하여 타인에게 의존하는 시기이다.

한편, Sadler(1989)도 미국의 40~80대까지 200명을 조사한 결과에 근거하여 인생을 4단계로 나누었는데, 제3기 인생(the third age)은 40대 이후의 건강한 시기로서 개인적 노력 여하에 따라 '제2의 성장 시기'가 될 수 있다고 피력하였으며, 중년기를 70대 이후까지 연장하여 생각하였다. '제3연령기'를 제시한 Sadler 박사도 제3연령기의 '2차 성장'을 통해 노년기에서도 성장이 가능하다고 하였다. 2013년 7월부터 방영되어 시즌 4로 종영된 한국 TV프로그램인 〈꽃보다 할배〉에서는 노인도 성장한다는 여러 조건을 보여 주었다(한혜경, 2015). 주인공, 충분한 시간, 낯선 환경과 흥미로운 도전과제, 시행착오와 실수, 배움 공동체 등이 그것이다. Vaillant(1993)도 지적하였듯이, 삶 전체가 하나의 여정이며 살아가는 동안 꾸준히 성장하고 있다는 사실을 늘 마음에 새기고 있는 노인들에게서 흔히 발견되는 모습이다.

이경희(2003)는 모든 문화에 걸쳐 노인에게는 다섯 가지 공통된 욕구가 있다고 하였다. 여기에는 장수의 욕구, 여가활동을 즐기려는 욕구, 일상에서 벗어나 해방감을 찾고자 하는 욕구, 집단 내에서 적극적인 참여자로 계속 남고자 하는 욕구, 지금까지 자신이 해 왔던 활동들로부터 명예롭게 물러나고 싶어 하는 욕구 등이 있다. 한국보건사회연구원(2002)에서는 복지 측면에서 여성 노인의 욕구를 경제적 욕구, 건강상 욕구, 심리사회학적 욕구의 세 가지 측면에서 구분하고, 주용국(2009)은 노인의 욕구를 노인의 환경 적응을 위한 학습 욕구, 심리적·경제적 안정감의 욕구, 사회 공헌 및 영향 욕구 또는 존재감의 욕구, 표현의 욕구, 건강 및 장수의 욕구, 대인관계 욕구, 초월적 욕구의 일곱 가지를 제시하였다.

특히 이러한 욕구는 자아상과 연결되는데, 자아상은 '사회 공헌 및 영향 욕구' '집단 내에서 적극적인 참여자로 계속 남고자 하는 욕구'와 '존재감의 욕구' 등과 밀접하게 관련되어 있다.

2. 노인의 교육 욕구

현실에서는 은퇴 이후의 시기를 제2의 성장의 시기로 보는가? 대부분의 은퇴한 중장년층이나 노년층은 호모헌드레드(homo hundred) 시대의 진입에도 불구하고, 꿈과 목표 없이 시대의 강물에 떠밀려 오갈 데 없는 잉여인간의 존재로서 지나간 화려한 세월을 퇴적층처럼 간직한 퇴적 공간인 공원에서, 광장에서 시간을 죽이며 하루하루를 보낸다(오근재, 2014).

평생교육에 참여한 노인이 어떠한 교육 욕구를 가지고 있는가를 밝히는 일은 매우 중요하다. McClusky(1971)는 노인의 욕구를 다섯 가지 욕구로 나누어 제시하였다.

첫째, 사회적 적응의 욕구(coping needs)이다.

이것은 생활욕구라고도 한다. 노인은 노화로 감퇴된 기능을 회복하고 환경에 잘 적응하기 위해 교육을 받으려 한다. 이것은 고령화에 따라 퇴직이나 명퇴 그리고 경제적 빈곤 또는 배우자의 사망과 신체의 각종 질병 등과 같은 변화에 스스로 대응하기 위해 학습을 통하여 이겨 내고자 하는 것으로서 이는 행복한 노년기를 보내고자 하는 욕구이다.

둘째, 표현의 욕구(expressive needs)이다.

노인은 다양한 교육을 통하여 자신이 원하는 목적을 성취하고자 할 뿐 아니라 활동 그 자체가 좋아서 참여하기도 한다. 여기에는 신체운동과 사회적 활동을 포함하여 자격증 획득을 위한 교육이나 기술 그리고 자신의 관심 분야인 취미를 배우기도 한다. 이러한 과정을 통해서 새로운 경험을 하며 스스로 만족을 얻으려 하는 것이다.

셋째, 공헌의 욕구(contributive needs)이다.

이것은 새로운 교육을 통하여 자신이 사회적으로 의미 있고 쓸모 있는 사람이 되고 타인에게 봉사하기 위해 새로운 능력을 발달시키는 것이다. 이를 위해 각종 프로그램에 참여하여 사회에 공헌할 수 있는 정보를 얻고 그에 필요한 기능 훈련을 받는다.

넷째, 영향력의 욕구(influence needs)이다.

노인은 타인으로부터 수동적으로 영향을 받기보다는 스스로 자신의 삶의 방향과 질을 조정하며 살고 싶은 욕구를 가진다. 자신의 삶에 영향을 미치는 결정들이 왜, 어떻게 이루어지는가에 관심을 가지며 또한 이러한 결정들이 어떻게 변화되는가를 알고 싶어 하는 욕구를 말한다.

다섯째, 초월적 욕구(transcendence needs)이다.

노인은 자신의 신체적 노화가 진행됨에 따라 신체적 젊음보다 더 중요한 인생의 본질적 의미를 다양한 교육을 통해 찾고자 하는 경향이 있다. 이 경우 노인은 교육을 통해 자신의 자질을 향상시키기를 원한다.

[그림 2-1] 노인의 교육 욕구

사례 1

서울 동쪽에 위치한 농구장만한 크기의 콜라텍에서 1960년대의 히트곡에 맞추어 수백 명의 은 발들이 춤을 추고 있다. 병원 행정직에서 20년 전에 은퇴한 이후 직업 없이 지내고 있는 85세의 김사규 씨는 이곳을 '놀이터(playground)'라고 부른다. "하루 종일 내가 무엇을 할 수 있겠어요? 내 가족은 일하기 바빠요. 경로당에서 노인들이 할 수 있는 것은 하루 종일 담배 피우는 것이라 가기 싫어요." 그는 매일 5시에 일어나 아들과 두 손주와 아침을 먹고 무릎 통증을 완화하기 위해 한 시간 찜질을 한 후 버스를 타고 뉴현대코어에 있는 콜라텍으로 향하는 1,000명의 고객 중 하나이다. 일부는 집에서 환영받지 못해 나온다고 한다. 외롭고 가난하고 사회적 모임이 필요한 사람들에게 즐거움을 발견하는 공간으로인 이 콜라텍의 사장인 최종은 씨에 따르면 주말에는 거의 2,000여 명이 방문한다고 한다. (Reuters, 2018. 4. 18.)

사례 2

학교생활이 끝날 때까지를 제1의 인생, 교단생활을 제2의 인생, 은퇴 후를 제3의 인생이라 정의해 놓고 나태해지기 쉬운 제3의 인생을 어떻게 보내야 할까 고민하였다. 당구, 테니스, 낚시, 댄싱 등 많은 취미가 있으나 나이도 생각해서 서예를 위주로 하되 운동으로 건강을 유지하기로 원칙을 세웠다. 우선 주말을 제외하고 오전에는 산책 혹은 테니스이다. 왕복 4Km쯤 되는 강변을 천천히 거닐거나 일주일에 2~3회쯤 테니스장에 나가 땀을 흠뻑 흘린다. 그리고 오후에는 월요일만 사군자를 배우러 가고 다른 날은 서실로 가서 회원들과 어울린다. 토요일은 예천초정서예연구원으로 달려가고. 일요일은 기타 취미활동이나 관람을 하고… 간혹 한가할 때면 텃밭의 나물이나 가꾸며… 친구들이 가까이 없으니 외로움을 느낄 때도 있으나 가끔씩 동기들 모임 때 얼굴 한 번 보면 될 것이고… 훗날 후회 없는 삶이어야 할 텐데…… (어느 교사의 은퇴 계획)

　　앞의 사례처럼 불행한 노년기를 겪는 사람은 다음의 불행한 원인에서 적어도 두세 가지가 해당되는 경우가 많다.

① 꿈과 목표 없이 오래 사는 것

② 돈 없이 오래 사는 것

③ 일 없이 오래 사는 것

④ 건강 없이 오래 사는 것

⑤ 친구 없이 오래 사는 것

⑥ 사랑 없이 오래 사는 것

⑦ 열정이나 몰입 없이 오래 사는 것

3. 노화와 성격 적응 유형

노화는 시간이 지나면서 생물의 성질이나 기능이 쇠퇴하는 것으로, 노화 현상은 생물학적·유전적 요인 외에도 환경적 요인이 서로 상호작용하여 나타난다.

일차적 노화는 태어나 성장하는 동안 자연스럽게 나타나는 것이며, 이차적 노화는 질병이나 신체의 사용 정도 및 식습관과 같은 환경적 요인으로 나타나는 것이다. 이와 같이 노화는 유전적 의미도 있겠지만 환경적 요인으로 나타나므로 노화의 진행은 개인차가 있다.

노화에 따른 성격 적응 유형을 Reichard, Livson과 Peterson(1962)은 다섯 가지 유형으로 나누었다. 성숙형, 은둔형, 무장형, 분노형, 자학형으로 나뉜 다섯 가지 유형 중 긍정적 적응은 성숙형, 은둔형, 무장형이며, 부정적 적응은 분노형과 자학형이다.

긍정적 적응 유형인 성숙형은 나이 들어가는 것을 있는 그대로 받아들여 살아온 삶에 대해 감하며 살아가는 유형이고, 은둔형은 조용한 삶에 만족하면서 수동적으로 생활하는 것을 추구하는 유형이며, 무장형은 나이 들어가는 것을 방어하기 위해 사회적 활동을 지속적으로 유지하고 신체적 능력이 쇠퇴하지 않도록 노력하는 유형이다.

부정적 적응 유형인 분노형은 계획하며 살아온 삶이 만족스럽지 않은 것에 대해 가족이나 타인의 탓으로 돌려 분노를 표출하는 유형이며, 자학형은 분노형의 반대 유형으로, 만족스럽지 못한 자신의 삶의 원인은 자신이므로 자책하고 비관하여 우울증을 앓거나 심하면 자살을 기도하기도 한다.

노화에 따른 성격 유형을 더 발전시켜 Havighurst, Neugarten과 Tobin(1968)은 노년기의 여덟 가지 성격 적응패턴을 제시하였다.

성숙형과 방어형, 수동-의존형, 미성숙형으로 나뉜 성격 유형은 각 유형마다 적응 유형과 생활만족도로 다시 나뉜다.

생활만족도가 상인 성숙형은 재구성형과 초점형, 유리형으로 나뉘는데, 재구성형은 은퇴 후에도 자신의 시간 및 생활양식을 재구성하여 모든 분야에 적극적이며 일상생활에 적응을 잘하며, 초점형은 활동적이고 적응을 잘하지만 1~2개 분야에만 집중을 하여 생활을 한다. 유리형은 건강하고 적응 수준도 높지만 능동적으로 활동하지 않고 다소 소극적으로 대처하거나 조용히 지내려는 성향이 있다.

방어형은 계속형과 위축형으로 나뉜다. 계속형의 경우, 생활만족도는 상으로 심리적 적응은 잘하지만 활동을 하는 이유가 노화 방지에 있어 활동에 얽매이는 부분이 있으며, 위축형은 생활만족도가 중으로 노화의 위협에 사로잡혀 타인과의 사회적 접촉 없이 폐쇄적으로 살아가는 유형이다.

수동-의존형은 구원요청형과 무감각형으로 나뉘는데, 구원요청형은 가족이나 가까운 사람에게 심리적으로 의존하려는 경향이 있으며 보통 생활만족도는 중 정도이다. 무감각형의 생활만족도는 하 정도로 건강 유지를 위한 활동 외에는 하지 않아 무기력하고 수동적으로 행동한다.

미성숙형으로는 조직와해형이 있는데, 사고, 지능, 판단능력 결핍과 정서적 반응의 일관성이 없으며 생활만족도가 매우 낮다.

03

나는 이렇게
늙고 싶다

1. 노년기 인생: 행복한 노년의 삶

최근 미디어에서는 행복한 노년기를 보내기 위한 다양한 프로그램이 방영되고 있다. '황혼의 배낭여행'을 콘셉트로 한 여행 프로그램인 '꽃보다 할배'. "30년간 공부하고, 30년간 일하고, 30년간 즐기는 트리플 30시대! 준비는 하셨나요?" 이런 TV 프로그램이나 광고를 접하면서 누구나 자신의 노년기 인생을 먹고 사는 일에서 벗어나 하고 싶은 일을 하고, 여행을 다니면서 자유롭고 행복하기를 꿈꾼다.

과연 수명이 늘어난 만큼 건강도 늘어나고 행복도 늘어날 수 있을까? 어떻게 하면 노인은 노년기에 행복할 수 있을까?

행복한 노년의 삶을 위한 여섯 가지 방법을 제시하면 다음과 같다.

첫째, 노년기에는 꿈과 목표, 즉 성장 목표가 필요하다. 2017년 기준 한국 사회의 평균 퇴직 연령은 53세로, 1차 경제활동에서 물러난 이후에 주어지는 기간이 40~50년에 이르며, 이를 시간으로 환산하면 대략 10~12만 시간(하루 8시간, 40년 기준)에 이른다. 흔히 맬컴 글래드웰의 전문가가 되는 데 필요한 1만 시간의 법칙에 따르면(이상훈,

2010) 수치상으로는 10~12개 분야의 전문가가 될 수 있는 시간이다. 이런 부분을 현실로 옮기는 노인들이 늘어나고 있다. 『백년을 살아보니』의 저자이자 100세의 나이에도 왕성한 저작 및 강연 활동을 펼치고 있는 '영원한 현역' 김형석 교수는 노력하면 누구나 죽을 때까지 정신적으로 인간적 성장이 가능하다는 것을 몸소 체험해서 보여 주고 있다.

일본의 시인 시바타 도요(しばたとよ)는 장례비용으로 모아 두었던 돈으로 98세에 시집을 냈는데, 150만 부 이상 팔려 베스트셀러가 됐다. 『약해지지 마』라는 시집으로 실버 세대의 창작 붐을 일으켰고, 이 시집을 읽고 자살을 접었다는 독자의 편지가 있을 정도로 삶의 중요성을 알려 주고 희망을 준 시인이었다. 90세가 되어 아들의 권유로 책을 냈고, 나중에는 건강을 염려하는 아들의 만류에도 불구하고 창작의 불을 지폈다. 2011년에는 『백세』라는 시집도 발표하였다. 이처럼 꿈을 향한 창조적인 노력은 젊음과 행복을 안겨 준다. 다만, 노년에 목표를 정해 놓고 스스로 속도를 조절할 필요는 없다. 가난해서 혹은 여건이 허락지 않아서 못했던 영역을 학습하거나 꿈 리스트를 작성해서 실천하는 것이 노년기의 행복의 조건 중의 하나이다.

있잖아, 불행하다고

한숨짓지 마

햇살과 산들바람은

한쪽 편만 들지 않아

꿈은

평등하게 꿀 수 있는 거야

나도 괴로운 일

많았지만

살아 있어 좋았어

너도 약해지지 마

시바타 도요(しばたとよ)

둘째, 노년기에는 재테크(財tech)가 아닌 재무설계가 필요하다.

은퇴자의 절반은 노후 빈곤에 직면한다. 서울시50플러스재단(2018)의 조사에 따르면 일자리가 없으면 베이비붐 세대의 39.7%가 71~73세에 자신이 가진 모든 자산을 생계비로 소진하고 빈곤층으로 전락할 것으로 나타났다. 따라서 노년기를 위한 재테크가 아닌 재무설계가 필요하다. 자녀 성장기인 50세까지는 저축이 가능한 기간이지만, 이후 50~60세 전후로 자녀의 교육과 결혼 자금이 집중되고, 은퇴 이후 노후생활 기간에는 생활비와 의료비 등의 재정이 필요하다. 은퇴 후에는 어느 정도의 돈이 필요할까? 월 200만 원으로 30년을 산다고 하면 약 7억 2천만 원(200만 원 × 12개월 × 30년)이 필요하다. 물론 물가 상승률을 연 3%로 잡으면 약 15억 원이 필요하다. 65세 부부의 종신생활 소요비용으로 '불쌍한 백수'는 4억 원(월 150~200만 원 기준), '보통의 백수'는 8억 원(월 300~400만 원 기준), '화려한 백수'는 12억 원(월 500~600만 원 기준)이 예상된다. 보통의 백수인 경우, 생활비 월 160만 원, 건강검진비 연 100만 원, 의료비 월 42만 원, 경조사 모임비 월 50만 원, 차량유지비 월 25만 원, 해외여행비 연 298만 원이 넘는다. 따라서 이러한 평균을 기준으로 하면 월 310만 원의 현재 가치의 돈이 필요하다. 1인당 의료비는 평생 남자는 평균적으로 약 9,600만 원, 여자는 1억 1500만 원 정도 소요되는 것으로 나타나고 있는데, 이 의료비의 절반이 65세 이상에서 사용되는 것으로 나타났다.

따라서 안락한 노후를 위해서는 필요한 시점에 필요한 만큼의 돈을 모을 수 있는 인생 계획과 포트폴리오 수립이 필요하다. 나이가 들수록 위험자산의 비중을 낮추고 안전자산에 투자하는 것이 필요하다. 2018년부터 인구가 감소하고 일본의 사례처럼 부동산 가격이 폭락하는 사태가 오게 될 텐데 부동산이 많고 현금이 없는 부동산 거지가 나타날 수 있다. 따라서 노년기에는 환금성이 높으면서도 임대료를 받을 수 있는 원룸이나 다세대주택 등의 수익형 부동산에 투자하는 것이 필요하다. 물론 노년기에는 사기를 당하지 말아야 하고, 상속세나 양도세 등의 절세 방법을 인지하여야 한다. 여기에 노후 재정의 최대의 적(敵)은 자식에게 사업자금을 대주는 등의 무리수는 두지 않는 것이 좋다. 그리고 노년기에 재무설계를 하되 돈은 써야 내 돈이다. 하용현(2012)가 말하였듯이 "돈이 다 떨어지면 최후의 행진을 하다가 길에 쓰러져 죽을 각오로 마음 편히 돈을 써야 한다". 실컷 돈을 쓰고 무일푼이 되어 세상을 떠난다는 자세로 노년기 인생을 여유 있게 즐길 필요가 있다.

셋째, 노년기에는 자존심과 체면으로부터의 은퇴가 필요하다.

'최고의 은퇴 준비는 퇴직하지 않는 것이다'라는 말이 있다. 평생 현역으로, 현역 은퇴 시기를 지나 각 분야에서 맹활약 중인 노익장들을 볼 수 있다.

송해 선생은 90세가 넘은 지금도 〈전국노래자랑〉 사회를 열정적으로 보고 있고, 공무원에서 공장 근로자로 변신한 사례나 귀농하여 한우농장을 경영하거나 프리랜서로 창업하는 사례도 우리 주변에서 흔히 볼 수 있다. 또한 공공기관의 본부장이나 사업을 하다가 택시기사 일을 시작하거나, 전 삼미그룹 부회장이었던 서상록 씨가 환갑이 넘은 나이에 식당 웨이터가 되어 손님들에게 90도로 깍듯이 인사를 하는 모습, 교장 선생님으로 정년 퇴직 후 환경미화원으로 고용된 신명호 할아버지는 허드렛일로 시작하였으나 청소하는 일에 최선을 다해 4개월 만에 청소부로 승격하여 2년 연속 최우수 사원에 선정되는 등 성공 사례가 다양하다. 이처럼 새로운 일자리를 잡기 위해서는 자존심과 체면으로부터의 은퇴가 필요함을 시사한다. 특히, 퇴직 후의 재취업은 대부분 사회적 지위의 하락이나 급여 삭감을 의미한다. 정점에 있다가 퇴직 이후 내리막길을 달려야 하는 것은 사실 받아들이기 어려운 일이다. 하지만 새로운 일을 시작하는 경우, 그동안의 경력은 무시하고 신입사원으로 일한다는 각오로 임해야 한다. 다양한 일자리 정보와 역량 개발 기회, 중장년 일자리 제공과 관련하여 중장년일자리희망센터나 서울시50플러스재단에서 생애설계나 전직스쿨, 재도약 프로그램 등에서 필요한 정보를 얻을 수 있다.

넷째, 노년기에는 친밀한 대인관계가 필요하다.

"저녁을 먹고 나면 허물없이 찾아가 차 한 잔을 마시고 싶다고 말할 수 있는 친구가 있었으면 좋겠다"는 〈지란지교를 꿈꾸며〉라는 시의 구절의 일부분이다. 타쿠마 타케도시(Takuma Takeichi)의 『행복한 노후를 위한 좋은 습관』을 보면 친구가 5명 이상이 되면 행복한 노후를 보낼 수 있다고 한다. 대인관계 측면에서 보면, 남성은 주로 학교 동창 50%, 이웃 17%, 직장 14%, 고향 9%, 취미 8%, 종교 2%에서 사람을 만나고, 여성은 이웃 44%, 학교 동창 24%, 취미 14%, 종교 8%, 자녀 4%, 직장 4%, 고향 2% 순으로 친구관계를 만드는 것으로 나타났다. 물론 모든 친구관계가 절친인 경우는 아닐 것이며, 노년기에는 사고나 건강문제, 거주지역 등의 여러 가지 이유로 친한 친구가 줄어드는 경우가 허다하다. 한국인의 경우, 평소 마음을 터놓고 지내는 사람의 수가 2014년에는 4.4명에서 2016년에는 3.6명으로, 어려운 일이 있을 때 도움을 주는 사람의 수가 2014년에는 3.9명에서 2016년에는 3.1명으로 줄어드는 추세에 있다. 따라서 노년기에는 친밀한 대인관계를 위해서 먼저 손을 내밀고, 관대해져야 하고, 자주 얼굴을 보고 새로운 친구 만들기에 적극적으로 나서야 한다. 물론 온라인상의 친구도 만들 필요가 있다.

다섯째, 노년기에는 사랑의 증거를 실천하자.

몇 년 전 영화 〈님아 그 강을 건너지 마오〉에서 보여 준 세상에서 가장 뜨거운 사랑 이야기에 478만 관객이 눈물을 흘렸다. 이 영화는 지난 2011년 KBS1 〈인생극장〉을 통해 세상에 알려진 노부부의 사랑과 이별을 그린 다큐멘터리이다. 강원도 횡성 산골마을에 잉꼬부부라 표현하기에도 부족한 노부부가 산다. 98세 조병만 할아버지와 89세 강계열 할머니이다. 여전히 로맨틱한 할아버지와 소녀 같은 할머니는 여느 젊은 커플 못지않게 서로를 아끼고 사랑한다. 하지만 이들의 사랑도 흘러가는 세월을 이기지 못하고 이별의 순간을 맞는다. 영화 〈노트북〉에서는 할아버지가 할머니에게 책을 읽어 주는 장면, 즉 남편이 치매에 걸린 할머니에게 자신들의 사랑 이야기를 매일 읽어 주는 장면은 노년기에도 변함없는 사랑의 소중함을 말하고 있다. 이처럼 노년기에도 사랑은 행복의 원천이다. 다만, Grün(2010)이 『노년의 기술』에서 말하였듯이 노년의 사랑은 환상과는 작별해야 한다. 사랑에서는 사막의 타이어처럼 자존심과 고집을 빼야 한다. 이 세상에는 사랑은 없고, 사랑의 증거만이 있을 뿐이다. 노년의 사랑은 '언젠가는 이 세상에 없을 당신을 사랑합니다'라는 말처럼 오늘이 마지막인 것처럼 배우자가 소중하고 중요한 존재라는 느낌이 들도록 사랑의 증거를 실천해야 한다.

출처: 영화 〈님아 그 강을 건너지 마오〉의 한 장면.

여섯째, 노년기에는 모험과 체험, 실험의 여행을 떠나 보자.

노년기의 행복을 위해서는 '뻔뻔하고 funfun'하게 몰입하면서 즐기는 것이 필요하다. 노년기에는 영화 〈창문 넘어 도망친 100세 노인〉처럼 무료한 삶에서 뛰어내리는 것이 필요하다. 65세가 되면 지공선사(地空禪師, 지하철을 공짜로 타는 만 65세 이상의 노인을 이르는 말)의 반열에 오른다. 어디든지 갈 수 있다. 먼저, 잘 노는 계획을 세우는 것이 필요하다. 이를 위해서는 적어도 10여 개의 동호회나 모임(취미, 종교, 봉사활동)에 참가하는 것이 필요하다. 또한 일상 속(구름, 하늘, 별, 나무 등)에서 행복을 느끼고, 한 번쯤 다람쥐 쳇바퀴 도는 일상의 틀에서 벗어나 모험과 체험, 실험의 여행을 떠나는 것이 필요하다. 특히 가족과의 여행은 길에 돈을 뿌리는 여행이 아니라 땀과 눈물을 뿌리는 여행이어야 한다. 왜냐하면 가족에게 물려줄 유산은 재물이 아니라 함께했던 소중한 기억이다.

출처: 『창문 넘어 도망친 100세 노인』 표지

호모헌드레드의 시대, 은퇴 이후의 노년 시기를 제2의 인생을 새롭게 계획해야 하는 시기로 바라보는 삶의 패러다임 전환이 요구된다. 특히 남의 시선을 의식하는 시기가 아니라 자신만의 '노인다움'을 펼치는 인생을 살아야 한다(주용국, 2009). 호사카 다카시(Hosaka takashi)의 『나는 이제 백발도 사랑하게 되었네』에서 불확실한 인생에서 확실한 것은 누구나 반드시 '나이를 먹는다'는 것과 '먹어야만 한다'는 것이다. 그러나 어떻게 나이를 먹어 갈까는 본인의 선택에 달려 있다. "노년은 삶의 열매를 거두는 시기이다. 이 열매는 나 자신에게만 기쁨과 즐거움을 주는 것이 아니라 타인의 삶에도 기쁨의 씨앗이 된다. 노년에 익어 가는 열매는 노인 자신뿐 아니라 타인의 삶을 달콤하게 한다. 노년이라고 하면 기력의 쇠진, 병치레와 허약만을 떠올리는데 오히려 그 반대이다. 고령이 되어도 긍정적 가능성과 기회는 얼마든지 있다. 성장, 성숙, 완성의 가능성이 그것이다"(Grün, 2010). 행복한 노년을 위해서는 꿈의 도전을 위한 평생학습, 건강, 재무설계, 대인관계, 가족과 사랑, 일, 몰입과 즐김의 시간이 어우러지는 것이 필요하다.

2. 성공적 노화

성인 중기부터 대부분의 사람은 큰 병치레 없이 삶에 만족하며 행복한 노년을 보내기를 희망한다. 성공적 노화란 자신이 원하는 형태로 나이가 드는 것이라고 할 수 있다. 이러한 성공적 노화에 대해 사람마다 다른 기준을 가지고 있다. 성공적 노화는 일상생활을 함에 있어 불편함이 없고 심리적으로 안정되어 사회생활을 할 수 있는 등 다양한 관점에서 바라볼 수 있다.

Rowe와 Kahn(1997)은 성공적 노화요인을 질병과 장애 피해 가기, 적극적 인생 참여, 높은 수준의 인지적 · 신체적 기능을 유지하는 것으로, 세 가지 요인은 어느 정도 위계성을 유지하여 서로 관련성을 가지고 있다고 보았다.

성공적 노화를 위해서는 목적의식을 가지고 적극적으로 인생에 참여하고, 여유로운 마음, 봉사하는 마음으로 살아가며, 경제적인 준비 속에서 부부관계를 유지하고, 자식에게 의존하지 않으며, 정신적 · 신체적으로 높은 기능 상태를 유지하면서 혼자 살 수 있는 능력을 갖추는 것이라고 하였다.

노년기는 일을 하는 인생 3기의 사람들에게는 일과 여가가 구분되어 있지만, 건강한 은퇴자들에게 여가란 일상의 대부분의 시간에서 행복한 노년을 위해 무엇인가를 해야 함을 의미하고, 인생 4기의 사람들에게는 타인의 도움을 받아 행복한 노년을 위해 무엇인가를 해야 하는 시간으로 이해될 수 있다. 이처럼 은퇴 후 여가는 일하다 잠시 쉬는 것이 아니라 하루 중 가장 많은 시간을 차지하는 활동이다. 은퇴 후 여가를 즐길 줄 모른다면 지루한 노후를 보내야 한다.

그러나 은퇴 후 삶의 질을 위해 취미 및 여가 활동에 대한 관심은 높으나 관심 대비 실제적인 취미생활이 이루어지지 않고 있다. 서울시50플러스재단(2018)에서 고령층(65세 이상)을 대상으로 취미 및 여가 활동에 대한 조사를 한 결과를 보면 '취미 및 여가 활동을 준비하지 않음'이 57.1%로 나타났다. 이로써 은퇴자의 절반 이상이 은퇴 이후 갑작스런 여유시간을 보내는 것에 대한 준비가 부족함을 알 수 있다. 실제 고령자는 여가활동의 대부분을 TV 시청, 휴식과 같은 소일거리로 보내고 있다. 은퇴 후 노후기간이 길어진 만큼 평생을 즐길 수 있는 취미활동이 필요하다.

중요한 것은 인생 3기나 인생 4기와 관계없이 65세 이상의 노인의 경우 생활만족의 가장 강력한 설명변인이 여가활동이고(Riddick, 1986), 여가활동은 노인의 사회심리적 건강에 긍정적 효과가 있으며(이종영, 2005), 행복한 노년을 위한 중요한 요소이다. 노년기의 여가생활은 생활만족도 및 심리적 안정감, 삶의 행복감을 증진하여 노인들의 개인적 욕구를 충족시킨다. 또한 여가는 노인의 사회적 · 신체적 욕구 증진에도 도움이 된다. 사회적 역할의 획득 및 수행을 통하여 사회적 지지체계를 구성함으로써 궁극적으로는 노인의 삶의 질을 올리게 된다(나항진, 2002). 노인의 여가활동은 취미, 오락 및 건강의 증진은 물론 사회적 역할을 상실하고 무료하게 일상을 보내는 노인의 삶의 질을 높이는 데 중요한 역할을 한다.

여가란 젊은 세대에게는 일을 하다가 쉬는 자유시간으로 여기지만, 노인에게 여가란 일반적으로 시간, 활동, 마음의 상태 등의 세 가지 범주가 사용된다(Kelly & Woodward, 1996). 첫째, 여가를 시간, 즉 자유시간으로 보는 경우로 노인들은 퇴직과 함께 자유시간이 더불어 오기 때문이다. 둘째, 여가를 활동이라는 범주에 한정시키기도 한다. 여가란 개인이 노동, 가족 그리고 사회적 의무로부터 벗어나 휴식, 기분 전환 혹은 지식의 확대, 자발적 사회 참여 그리고 자유로운 창조력의 발휘를 위하여 이용되는 임의적 활동의 총체라는 것이다. 셋째, 어떠한 것을 선택하고 즐기는 것을 인식하는 것, 즉 마음의 상태(attitude of mind)가 여가라는 것이다. 즉, 노인에게 여가란 자신을 위하여 흥미를 갖고, 자유시간에 행해지는 활동 일체로 보는 것이다. 구체적으로 노년기의 시간적 공백을 매우기 위한 순수한 취미, 오락활동 또는 건강과 능력의 범위 내에서 직접 지역사회나 국가를 위하여 하는 활동 등이라고 할 수 있다. 결국 노인의 여가는 단순히 남는 시간도 아니고 일정한 역할로부터의 자유 혹은 노동으로부터의 휴식을 의미하는 것도 아니다.

노인들은 여가를 통해서 노후생활에 필요한 심신의 건강을 유지하고, 재미있고 보람 있는 활동을 하며, 사회적인 접촉을 통하여 생산적이며 통합적인 생활을 유지하기 때문이다. 결국 노인들이 자신의 여가를 얼마나 가치 있고 의미 있게 보내느냐에 따라 노후의 고독감 및 고립감을 해소시키고 남은 삶의 의미를 새롭게 할 수 있는 계기가 된다. Drive, Tinsleyer와 Manfredo(1991)는 "사람들은 삶의 만족을 극대화하고 자존심을 함양하고 나아가 자아실현을 위해 자신의 여가를 구조화할 수 있다."고 하였다. 사람들은 여가활동에 참여함으로써 자기표현력을 증대시킨다. 타인과 어울리면서 동료의식을 키운다. 사회적 상황을 통제할 수 있다는 것과 그 중심에 있는 신념 속에서 자조력(empowerment)을 키워 간다. 새롭고 평범하지 않은 것을 경험함으로써 직간접적인 보상을 얻는다. 장기간에 걸쳐 꾸준히 무엇인가를 함으로써 일정한 형태의 안정감을 얻는다. 타인을 도와줌으로써 봉사정신을 배운다. 지적이고 심미적인 경험으로부터 지적 심미주의를 경험한다. 혼자 있지 않고 여러 사람과 같이 있음으로 해서 고독감이 줄어든다(Driver, Tinsley, & Manfredo, 1991).

　　노년기의 여가활동은 신체적 건강을 증진하고, 심리적 복지 상태를 증진하며, 사회적 접촉 기회를 제공하고, 삶에 대한 사기 및 만족감을 증진하고 자신감을 부여하며, 자신의 유용함을 확인하면서 자율적 생활을 위한 기능을 증진하여 재미있고 즐거운 삶을 영위하게 한다(Leitner & Leitner, 2004). 노인들은 여가와 같은 대안적인 활동을 통해 새로운 역할을 수행함으로써 삶 속에서 경험하게 되는 역할 상실로 인한 부작용을 최소화하고 긍정적인 자아개념을 유지할 수 있다(McCormick, 1993). 여가라는 사회적 이벤트를 통해서 단순히 몇몇 사람의 집합이 유대감, 통합, 협동 등이 충만하고 응집력 있는 공동체로 변화된다고 한다. 즉, 노인들도 다른 사람과의 교류를 통해 친교의 기회를 얻으며, 감정적인 고립이나 사회적 고립에서 벗어나게 된다. 또 어려운 일이나 급한 상황에서 자신에게 도움을 주거나 자신을 지지해 줄 수 있는 관계망을 형성하게 된다(나항진, 2002).

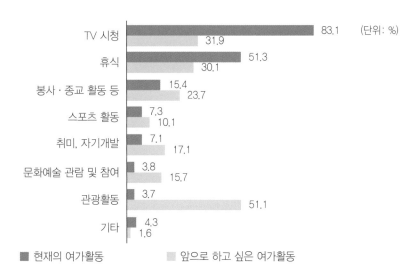

[그림 3-1] 고령자의 여가활동

출처: NH투자증권 100세시대연구소(2015). 통계청 사회조사.

| 표 3-1 | **여가활동 참여 실태** |

구분	참여 비율 (%)	참여시간		
		평균	최소	최대
TV 시청 및 라디오 청취	93.3	15:54	1:00	6:02:00
운동 참여	32.8	6:42	0:30	4:08:00
계모임이나 동창회 또는 노인정 등 친목활동	23.9	6:36	0:30	2:12:00
종교활동	17.6	4:48	1:00	2:16:00
화초·정원 손질, 애완동물 기르기 등	15.4	7:30	0:18	1:21:00
화투·장기·바둑·카드 놀이	10.2	8:42	1:00	2:02:00
복지관 프로그램, 독서 등 자기개발	8.6	8:00	1:00	1:16:00
컴퓨터 인터넷	3.2	9:06	1:00	1:18:00
사회봉사 및 단체활동 참여	1.4	5:24	1:00	1:02:00
소풍, 관광 등 여행	1.2	7:00	1:00	1:02:00
문화예술 관람(연극, 영화, 음악회 등) 및 창조적 활동(서예, 사군자, 춤 등)	0.9	9:06	2:00	1:04:00

현실적으로 보면 노인들은 삶의 시간을 어떻게 보내고 있는가? 황남희(2015)에 따르면, 전체 노인의 99.0%가 지난 1년간 취미활동, 여행, TV 시청, 영화 관람 등의 여가문화활동에 참여하였다. 주로 하는 여가문화활동을 3순위까지 조사한 결과, 휴식활동이 차지하는 비율이 90.2%로 가장 높고, 그 다음이 취미·오락 활동 42.5%, 사회 및 기타 활동 40.1%, 스포츠 참여 활동 10.2%, 문화예술 참여 활동 5.8%, 관광활동 4.0%, 스포츠 관람 활동 1.2%, 문화예술 관람 활동 0.9% 등의 순으로 나타났다.

세부적으로 여가문화활동 참여 현황을 살펴보면 휴식활동에서 TV 시청 참여율이 82.4%로 가장 높고, 산책 17.8%, 음악감상 4.5%, 기타 27.0% 순이었다. 취미·오락 활동은 독서, 만화책, 종교 서적 보기가 11.3%로 비율이 가장 높고, 화초·텃밭 가꾸기 10.1%, 화투·고스톱 놀이 등이 9.3%, 등산 5.7%, 바둑·장기 및 윷놀이 등이 4.8%, 낚시 1.0%, 기타 7.9% 순이었다. 사회 및 기타 활동은 종교활동, 그 외 사회활동(봉사활동, 잡담·통화·문자, 단체활동 모임 등), 기타로 세분화되며, 각각 8.3%, 31.8%, 2.6%이었다. 관광활동에는 자동차 드라이브와 기타(여행, 문화유적 및 자연명승 방문, 소풍 등)로 구분하였으며, 각각 0.7%와 3.3%이었다. 협의의 개념에서 여가문화활동으로 볼 수 있는 문화예술 관람 활동과 문화예술 참여 활동은 전체 노인의 6.7%만이 참여하였다. 이 중 문화예술 참여 활동은 악기 연주, 노래교실에 참여하는 노인의 비율이 3.6%이며, 미술활동(그림, 서예 등) 1.4%, 춤, 무용 0.5%, 기타 0.7%이었다. 문화예술 관람 활동은 영화 보기와 기타(전시회, 박물관, 연극, 음악 연주회 등)로 구분되며, 참여율이 각각 0.7%와 0.3%이었다.

인구사회학적 특성에 따른 여가문화활동의 차이를 살펴보면 지역 및 성별에 관계없이 휴식활동의 참여율이 가장 높았다. 그러나 그 외 활동의 참여율은 높지 않은 편이며 그 차이가 크지 않았다. 한편, 여행은 많은 사람이 즐기는 여가활동의 하나이지만 참여 빈도가 높지 않다는 점에서 3순위 주된 활동에서 제외될 가능성이 높다. 따라서 추가적으로 지난 1년간 국내외 여행을 한 경험이 있는지 파악한 결과 노인의 여행 경험률은 29.7%로 확인되었다. 여행 횟수는 1회가 56.8%로 가장 많고, 그 다음으로 2회가 23.2%, 3회가 7.8%, 4회 이상이 12.2% 등이었다. 2011년 노인실

태조사의 여행 경험률 33.7%와 여행 횟수 1회 비율 51.8%와 비교하면, 노인의 여행 경험률과 여행 횟수가 최근 감소한 것을 알 수 있다. 여행 경험률은 지역 및 성별로 차이가 나타났는데, 읍면부 노인이 33.6%로 동부 노인의 28.6%보다 5.0% 더 높고, 남자 노인(32.0%)이 여자 노인(28.1%)보다 약간 더 높았다. 또한 연령이 낮을수록, 교육 및 가구소득 수준이 높을수록 여행 경험률이 높은 경향이 있었다.

여가는 삶의 질 향상에 기여하는 정도에 따라 긍정적(적극적)인 여가와 수동적인 여가로 분류할 수 있다(최항석, 2002; 황진수, 1997). 긍정적인 여가는 여가활동을 통해 삶의 에너지를 재충전하고 삶을 윤택하게 한다. 예컨대, 게이트볼 게임을 하거나 인라인 스케이트를 타는 것들을 말한다. 이러한 활동들은 모두 집중력을 필요로 하며 일상생활에서 발생하는 육체적·정신적 노폐물을 발산시키고 정화한다. 반면, 수동적인 여가란 여가를 통하여 에너지를 재충전한다거나 삶의 질을 향상시키기보다는 창의력과 주체적 자각을 마비시키는 가운데 적당히 시간을 보내게 하는 여가를 지칭한다. 이것은 장시간 TV를 시청한다거나 고스톱과 같은 화투놀이에 몰두함으로써 삶의 무력감이 강화되고 재생산되어 현실로부터 도피하려는 단점 등이 있다(나항진, 2002).

앞의 여가 실태에서 보면 노인들이 주로 집안에서 혹은 제한된 범위에서 소극적으로 행하는 수동적인 모습을 보이는 것을 알 수 있다. 여가는 주로 건강 증진, 취미, 여가교양프로그램 등의 소일거리 위주로 운영되고 있다. 이러한 흥미 및 오락 위주의 한정된 여가 프로그램은 노인들이 여가 의식이나 태도를 기르는 기회를 빼앗고 있다. 따라서 노인들도 수동적인 여가보다는 능동적인 여가생활을 향유해야 한다. 여가는 단순히 일상적 삶을 재충전하는 데에서 나아가 삶의 질을 고양하는 수준으로 확장되어야 한다. 중요한 것은 노인들이 자신의 여가가 단순한 시간 보내기가 아니라, 삶을 가치 있고 품위 있게 하는 놀이라는 것을 인식하는 것이다. 노인들은 여가에 대한 주체적 자각을 기본으로 한 활발한 자조력(empowerment)의 구현을 통하여 여가의 소비자에서 여가의 생산자로 거듭나야 한다.

활기찬 노후를 위해서는 TV 보는 시간을 줄이고, 삶의 활력을 주고 성취감을 느낄 수 있는 진지한 여가를 개발하는 것이 바람직하다. '진지한 여가'는 장기간의 기술, 지식, 경험을 필요로 하지만 높은 성취감과 자아실현을 할 수 있는 여가활동을 의미한다. 예를 들면, ① 예술이나 스포츠 분야의 아마추어 활동, ② 사진, 목공, 원예 등의 취미 여가 활동, ③ 자원봉사 활동 등이 이에 해당한다.

관심 있는 진지한 여가를 찾은 경우, 동호회에 가입하면 혼자 할 때보다 지속적인 활동이 가능하며 공통된 관심사를 가진 친구를 만들 수 있어 활기찬 여가를 보낼 수

있다. 부부가 함께한다면 가족관계에도 도움이 된다(김은혜, 2003). 그리고 노인놀이전문가는 노인들이 여가를 창의적으로 개조해 나갈 수 있도록 성취성과 태도 그리고 분별력을 배양하도록 지원하여야 한다. 그리고 노인 스스로 자신의 삶을 돌아보고 고정관념이나 편견, 인식 전환을 할 수 있는 반성적 사고(reflective thinking)를 포함하는 여가도 필요하며(Mezirow, 1990), 예술적 창작이나 감상, 학습활동 등 노년기 최상의 여가도 지원할 필요가 있다(Kaplan, 1975).

행복한 노년의 삶에 관한
나의 생각

_____

_____

_____

_____

_____

_____

_____

_____

_____

_____

_____

_____

_____

_____

_____

_____

Part 2

잘 노는
노인이
행복하다

04

놀이란 무엇인가(놀이의 개념)

행복한 삶을 살아간다는 것은 하루하루를 때로는 즐기면서, 또 때로는 재미있게 살아가는 삶일 것이다. 그렇다면 '잘 논다는 것'은 어떻게 노는 것일까? 단순히 유흥을 즐기기 위한 놀이를 의미하는 것일까? 아니면 어떤 의미를 담은 것을 뜻하는 것일까? 그러나 이 두 가지의 의미를 비중으로 따지기에 앞서 두 가지 표현 모두 '잘 논다는 것'이 우리 삶에 얼마만큼의 비중을 차지하는가를 생각하게 한다. 자칫 무료해지거나 의미 없는 삶이 될 수 있는 시기를 놀이를 통해 재미를 생활에 적용한다면 변화된 삶을 살아가게 될 것이다. 이러한 이유로 어떤 사람은 이 세상을 마지막으로 떠날 때 '잘 놀다 간다'는 표현을 하기도 하였다. 이러한 '논다' '놀이'라는 단어의 의미는 단순히 시간을 보내는 놀이에만 국한되는 것이 아닌 매우 포괄적인 의미의 놀이가 삶에 주는 영향을 말한다. 따라서 이번 장에서는 놀이에 관해 좀더 깊이 알아보고자 한다.

"놀이가 없는 사회나 인간은 좀비 상태로 침몰한다."

-H. Marshall. McLuhan

"나는 위대한 과제를 대하는 방법으로 놀이보다 더 좋은 것을 알지 못한다.

이것이 바로 위대함의 징표이자 본질적인 전제조건이다."

-Friedrich Nietzsche

이러한 여가활동에서 놀이활동이 차지하는 비중은 매우 크다. 일반적으로 놀이란 인간이 즐거움을 얻기 위해 하는 활동을 말한다. 이러한 '놀이'는 '놀다'의 어간 '놀'에 명사형 어미 '이'가 붙어서 이루어진 말이다. 여기서 '놀다'라는 동사는 여러 가지 뜻을 지니고 있다. 놀이는 세 가지 의미로 해석되는데, 소극적으로는 '일을 하지 않고 쉰다'는 휴식의 뜻이 있는가 하면, 적극적으로는 '재미를 즐기기 위하여 일정한 놀이활동을 한다'는 뜻이 있다. 이에 반해, 놀이는 내재된 인간의 본능이라고 인식하는 경우이다.

첫 번째 의미에서 보면 사람이 일정한 목적 달성을 위하여 고통을 참아 가며 제약된 상황 아래서 참여하는 활동인 '일'과 달리 생계나 의무로서가 아니라 순전히 즐거움을 얻기 위해 일정한 도구나 물건을 가지고 자발적으로 행하는 활동 또는 그렇게 활동할 수 있도록 일정한 규칙으로 짜인 일을 의미한다. 놀이는 누구에게나 생활과도 같은 것으로서 놀이 속에서 사람들은 즐거워하고 또 때로는 놀이를 하다가 속상해하기도 한다. 이처럼 놀이는 인간의 삶 속에서 늘 공존하면서 희로애락을 함께 나누는 것이다. 이러한 놀이는 새로운 것에 호기심을 가질 수 있게 하고, 또 때로는 자신감을 갖게도 한다. 또한 놀이는 누구에게나 즐거움을 주며 내면의 내적 동기화를 도와 삶을 풍요롭고 행복하게 해 준다.

두 번째 의미에서 보면 놀이는 생활상의 이해관계를 떠나서 자발적으로 참여하는 목적이 없는 활동으로서 즐거움과 흥겨움을 동반하는 가장 자유롭고 해방된 인간 활동을 말한다. 그러나 휴식은 놀이가 아니다. 진정한 의미의 놀이란 일정한 육체적 · 정신적인 활동을 전제로 하며, 정서적 공감과 정신적 만족감을 바탕으로 이루어지는 활동을 의미한다. 놀이는 무엇보다도 우리의 삶을 긍정적으로 영위하는 데 필요하다. 우리는 놀이 경험을 통해 우리의 존재를 확인한다. 우리가 생활하는 곳이면 어디에나 놀이는 존재한다. 우리가 놀이에 몰입되어 있을 때 자유로움을 느끼며, 예측할 수 없는 독특한 방법으로 우리 자신이나 다른 사람들 그리고 환경에 대해 반응하게 된다. 또 놀이에서의 행동은 외적인 힘에 의해 제어되거나 강제되는 것이 아니라 내부로부터 특징적인 형태로 동기화된다(이은해, 1999; 이은해, 지혜련, 이숙재, 1990).

세 번째 의미에서 보면 놀이는 인간 사회의 풍요한 원형적 행위에 처음부터 스며들어 있다는 것이다. 놀이는 인간의 기초적인 행위이자 모든 문화의 기초이고, 자발성, 개방성, 활동성 그리고 본질적인 만족의 특성을 가지고 있으며, 인간 차원의 본질적인 동기를 가진 문화체로 인식하고 있다(채준안, 이준우, 2007). 이런 현상에 대해 Johan Huizinga는 인간은 본래적으로 놀이하는 인간(Homo Ludens)이고, 문화는 놀이에서 시작되었다는 도발적인 주장을 제기하였다. 놀이는 문화 그 자체가 존재하기 이전부터 삶 속에서 일정한 크기로 존재해 왔으며, 태초부터 현재 우리가 살고 있는 문명기에 이르기까지 항상 문화 현상 속에 함께 있었고, 그 속에 충만해 왔음을 우리는 문화 속에서 발견할 수 있다(홍숙자, 이영은, 2008). 놀이하는 기능은 인간을 포함한 동물의 공통적 특성이다.

Huizinga의 놀이를 계승·발전한 Cailiois(1994)는 놀이를 문화의 발달관점에서 자유로운 활동, 분리된 활동, 확정되어 있지 않은 활동, 비생산적인 활동, 규칙이 있는 활동, 허구적인 활동으로 구분하였다. Huizinga의 기본범주인 '경쟁'과 '모의'에 '우연'과 '현기증'을 추가한 경쟁(競爭), 우연(偶然), 모의(模擬), 현기증(眩氣症)이라고 하는 4개의 역할 중 어느 것이 우위를 차지하는가에 따라 놀이를 4개의 항목으로 구분할 것을 제안하였다. Cailiois(1994)는 그 항목들을 각각 아곤(agon, 그리스어로 시합, 경기를 뜻함), 알레아(alea, 라틴어로 요행, 우연을 뜻함), 미미크리(mimicry, 영어로 모방, 흉내, 의태를 뜻함), 일링크스(llinx, 그리스어로 소용돌이를 뜻함)로 이름 붙였다. 아곤은 놀이에서의 경쟁과 투쟁이라는 속성을 반영하는 경쟁놀이의 형태로서 축구나 구슬치기 또는 체스 같은 것을 예로 들 수 있다. 이것은 주어진 분야에서 자신의 우수성을 인정받고 싶어 하는 본능적 욕망에서 비롯된다고 Cailiois는 말했다. 알레

아는 주사위라는 뜻의 라틴어로 롤렛 게임이나 제비뽑기 추첨 같은 것을 의미한다. 이것은 아곤과는 정반대로 놀이하는 자의 의지와는 무관한 결정, 즉 자신이 전혀 영향력을 행사할 수 없는 결정에 기초하는 모든 놀이를 지칭한다. 따라서 이것은 운명에 몸을 맡기는 우연놀이라 할 수 있다. 미미크리는 해적이나 햄릿을 흉내 내며 놀듯이 어떤 것을 모방하거나 흉내 내는 놀이를 의미한다. 이것은 인간이 세계를 다르게 만들거나 자신을 변형시켜 세계에서 벗어나고자 하는 욕구를 반영한다. 즉, 사람이 자기가 아닌 다른 존재라고 믿거나 자기를 타인에게 믿게 하면서 논다는 것을 의미한다. 미미크리의 대표적 행태로 소꿉놀이가 있다. 소꿉놀이는 모방을 통하여 상호적 관계를 형성시키며 나아가 자신의 내면을 확장시켜 가는 흉내놀이의 하나라고 할 수 있다. 이것은 어떤 인물을 연기함으로써 일시적이나마 새로운 세계를 경험하는 연극적 태도와 밀접하게 연관되어 있다고 할 수 있다. 일링크스는 낙하와 회전 같은 빠른 운동을 통해 발생하는 혼돈의 상태를 즐기는 놀이이다. 이 놀이에서 강조되는 속성은 현기증 또는 패닉 같은 것이다. Cailiois(1994)는 현기증에서 나타나는

표 4-1   **놀이와 문화**

구분	유형	문화적 형태	제도적 형태	타락
경기 (아곤)	경주, 격투기, 육상경기, 권투, 당구, 축구, 체스 등 스포츠 경기 전반	스포츠	상업 상의 경쟁, 시험, 콩쿠르	폭력, 권력 의지, 술책
우연 (알레아)	내기, 룰렛, 복권	복권, 카지노, 경마도박	주식, 투기	미신, 점성술
모방 (미미크리)	공상놀이, 가면 · 가장 놀이, 연극 등 공연예 술 전반	카니발, 연극, 영화, 스타 숭배	제복, 예의범절, 의식	광기, 소외, 이중인격
소용돌이 (일링크스)	회전목마, 그네, 왈츠, 스키, 등산, 공중곡예	등산, 스키, 공중 서커스	현기증의 지배(극 복)를 뜻하는 직업	알코올 의존중, 마약

출처: 신성환(2009). 디지털 호모 루덴스, 놀이하는 삶과 문화적 혁신. 한국언어문화. 38, p.196.

혼란과 패닉의 추구가 참여자의 자발적 의지로부터 발생하며, 더욱이 그러한 일링크스적 고통이 구경거리의 소재가 된다는 것은 놀이의 성질을 약화시키는 것이 아니라 오히려 강화시킨다고 언급하였다.

05 · 호모루덴스(Homo Ludens): 놀이는 내재된 본능이다

1. 놀이 행동과 놀이가 아닌 행동

놀이를 어떠한 것으로 규정짓기는 매우 힘들다. 그러나 몇몇의 학자는 놀이와 놀이가 아닌 행동 혹은 놀이와 일을 대비하여 설명하면서 놀이의 개념을 이해하려고 노력하였다(Dattner, 1969; Frost & Klein, 1979; Levy, 1978).

놀이를 놀이 행동과 놀이가 아닌 행동(=비놀이 행동)에 대해 구분하여 살펴보고자 한다. 우선 놀이 행동은 놀이가 아닌 행동과 대비된다(Levy, 1978). 놀이 행동은 내적 동기(internal motive), 현실감의 부재(Sus-pension of reality), 내적 통제 신념(internal locus of control)이라고 보았고, 놀이가 아닌 행동은 외적 동기(extrinsic motivation), 현실감의 존재(existence of reality), 외적 통제 신념(external locus of control)이라고 보았다. 놀이가 아닌 행동은 외적 동기에 의해 행해지며, 놀이 행동에 대한 통제 역시 외부에 의해 통제되고 있다고 생각하였다(채종옥, 이경화, 김소양, 2004). 놀이의 구분을 살펴보면 내적 동기는 행동 자체에서 만족을 얻고, 외적 동기는 행동의 결과에서 만족감을 얻는다.

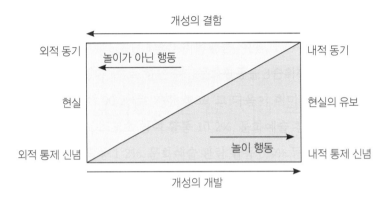

[그림 5-1] 놀이 행동과 놀이가 아닌 행동

출처: Levy(1978). Play behavior.

누구에게나 현실감의 부재는 현실을 잠시나마 떠나서 상상의 자아로 전환하는 것인데, 현실 세계로부터 자유를 얻고 규칙이나 역할 그리고 기대 등이 없는 현실적인 자아의 상실을 경험할 수 있기 때문이다. 다시 말해, 놀이는 인간으로 하여금 물리적인 현실과의 접촉을 단절하도록 모든 것을 잠시 잊고 내려놓게 하는 상태에 이르게 함과 동시에 자기 통제와 몰입 그리고 효율성을 갖게 한다.

내적 통제자는 자신이 인생에 대한 책임을 지고 통제한다고 믿음으로써 외부요인의 영향을 받는 것보다는 삶의 만족도가 높으며, 놀이에 만족하게 되고 자신이 하는 일에도 만족하게 된다(송영혜, 1997).

Levy는 놀이 행동과 놀이가 아닌 행동을 구별할 때 놀이는 인간의 가장 창의적이고 심오한 특성을 계발하도록 해 주는 역동적인 과정이기 때문에 놀이 행동으로 개인의 '개성의 계발(unfolding of individuality)'이 가능하다고 주장하였다.

2. 놀이가 지닌 특성

놀이와 일의 성질을 대비시킴으로써 놀이의 개념을 설명하려는 시도도 있었다

(Frost & Klein, 1979). 놀이는 능동적이고 자발적이며 유희적이어서 과정 중심적인 성질이 강하다고 보았다. 반면, 일은 수동적이고 강요적이며 단조롭고 당장의 생계와 관련이 있어서 외부로부터 부과된 규칙의 준수를 강요받는다. 인간이 하는 모든 활동은 개인의 선호도에 따라 주어진 일직선상의 놀이와 일 사이의 특정한 위치에 처해 있다고 설명한다. 그리고 놀이는 현실 세계를 초월하지만 일은 현실 세계에서만 이루어진다(Dattner, 1969).

　놀이의 특성에 대해 많은 학자가 연구하고 정의하려고 노력하였다. 우선 놀이는 인간에게 즐거움을 주는 가장 기초적인 행위이며 이를 시작점으로 하여 모든 문화의 기초가 된다고 보았다(Huizinga, 1949). 다른 학자는 놀이는 즐겁고 기쁘며 특정한 목적을 가진 것이 아니기 때문에 인간의 무의식적이고 자발적인 성향을 가지고 있다고 보았다(Garvey, 1977). 그렇기 때문에 학자들은 놀이 참여자의 적극성이 엿보이는 놀이가 진정한 놀이이며, 이때 놀이는 놀이가 아닌 행동과 대조가 된다고 보았다. 어떤 학자들은 내적인 결과에 보상을 느끼는 동기가 있을 때 놀이는 진정 내재적으로 동기화된 행동이라고 보기도 하였다(Berlyne, 1960).

　혹자들은 놀이로 정의되기 위해서는 내적 동기화와 자유선택, 즐거움, 비현실성 그리고 적극적인 참여와 같은 본질적인 특성을 가지고 있어야 한다고 하였다(채종

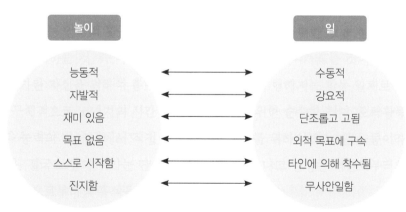

[그림 5-2] 놀이와 일

출처: Frost & Klein (1979). 놀이-일 연속체.

옥, 이경화, 김소양, 2004). 결론적으로 인간에게 놀이는 내적 동기에서 생겨나는 기쁘고 즐거운 것이며 비현실적이며 긍정적인 정서를 가지는 것이라고 정의하였다.

3. 놀이의 속성: 창조성, 즐거움, 자유의지, 상상

■ 놀이는 '즐거운 것'이다

사실 어떠한 것도 즐거워야 한다는 말이 있다. 특히 놀이가 재미있지 않으면 놀이 참여자는 계속적으로 놀이를 하지 않을 것이다. 왜냐하면 놀이는 특정한 보상을 바라고 하는 행위가 아니므로 강제적이지 않기 때문이다. 흔히 일에는 고통이 따르기도 하지만 놀이는 그렇지 않다. 때때로 교육을 목적으로 하는 놀이는 어떠한 문제를 바라보고 해결하려고 노력해야 하는 면도 있지만 놀이의 성질은 즉각적인 해결과 실현에 있기 때문에 어떤 경우에서라도 흥미롭고 재밌고 즐겁다.

■ 놀이는 강제적이지 않고 '자발적'이다

놀이의 가장 필수적인 특징은 '자발성'이다. 그러므로 놀이를 강제로 시킬 수 없고, 강요는 더더욱 불가능하다. 놀이는 누구나 하고 싶을 때 하는 것이기 때문에 자발적이다. 또한 놀이는 놀이 참여자나 행위자가 외부 환경의 지배나 규칙에 의해 통제받지 않기 때문에 선택에 있어 자율성도 보장된다.

■ 놀이는 '자기표현을 가능'하게 한다

종종 사람들은 놀이를 통해서 자신의 내면을 표현하기도 한다. 개인이 아닌 어떤 단체에 속한 사람들은 그 단체가 추구하는 방향에 따라 동일한 방법으로 행동하고 목적을 달성하기 위해 협조해야 한다. 그러나 통제된 상황에 놓여 있다고 하더라도 각각의 개인이 행하는 놀이 스타일은 개인마다 다르다. 그러므로 놀이는 개인의 개성을 잘 드러나게 한다. 획일화된 사회나 표준화 또는 몰개성을 추구하는 시대에 놀이는 인간의 개성을 회복하는 중요한 활동이라고 할 수 있다.

■ 놀이는 '내재적 보상을 해 주는 자기충족적인 활동'이다

놀이는 놀이 자체가 목적인 자기충족적인 활동이다. 놀이 참여자는 외적 보상을 바라며 놀이를 하지 않는다. 내재적인 자율 동기에 의해 놀이를 순수하게 즐긴다. 놀이란 특별한 활동이 아니라 오히려 놀이 참여자의 정신과 내적인 상태에 의해 결정되는 행동양식이다.

■ 놀이는 '현실을 떠나게 해 주는 도구'이다

놀이를 할 때 놀이 참여자는 자신이 속한 세상이나 사회적인 규범과 법칙에 별로 동요되지 않는다. 놀이는 상상을 할 수 있어서 실제가 아닌 공상의 세계나 나 자신이 아닌 다른 인물이 될 수도 있다. 다시 말해, 현실 세계의 한계를 뛰어넘을 수 있다. 놀이를 하는 동안 일상에서 벗어나 자신만의 상상의 나래를 맘껏 펼 수도 있고, 내가 아닌 다른 사람이 되어 볼 수도 있다.

■ 놀이는 '과정 중심'이다

놀이는 과정 중심이다. 결과를 중요시하기보다는 놀이 과정 자체를 즐기고 거기서 만족감을 얻는다. 특정한 목적을 성취하기 위해서 놀이를 하는 것이 아니기 때문에 어떠한 실수도 허용되고 여러 가지 다양한 시도도 해 볼 수 있다. 이것이 목표 지향적인 현실에서 놀이가 일보다 융통성을 가지는 이유이다.

정낙림(2017)은 놀이를 다음과 같이 세 가지 속성을 지니고 있다고 설명한다.

첫째, 놀이는 기본적으로 생물적인 욕구 충족과 직접적으로 관계하지 않는다.

노동이 인간을 해방하는 것이 아니라 생존의 수단으로 전락한 것은 우리 시대에도 변함이 없다. 이에 반해 놀이는 생물적인 욕구를 충족하기 위한 행위가 아니다. 인간의 노동은 생존을 위해 빵을 마련하기 위한 수단의 성격이 강하다. 따라서 놀이

를 유지하기 위한 외부적 강제는 존재하지 않는다. 노동은 기본적으로 외적 강요가 전제되고, 노동의 고통은 생존을 위한 약속의 내용이 클수록 더 참을 수 있다. 그러나 놀이는 대부분 생존을 약속하는 결과의 이득과는 거의 무관하다. 놀이에서 더욱 중요한 것은 노동과 달리 놀이 그 자체를 목적으로 한다. 노동은 자신의 목적이나 의도를 대상에 실현하는 인간의 행위이다. 노동의 경우, 인간은 대개 그 결과가 주는 이익을 위해 노동을 한다. 그래서 노동의 과정 자체가 목적이 되는 경우는 매우 드물다. 그러나 놀이의 경우는 다르다. 세계의 신비라 불리는 대만국립고궁박물관의 다층구는 놀이의 목적을 잘 말해 준다. 다층구는 상아를 문양이 새겨진 구슬 형태로 깎은 것으로, 구슬 속에 더 작은 구슬이 들어 있다. 이 구슬은 모두 16개나 되는데, 어떻게 그것을 손으로 만들었는지가 놀랍다. 또한 구슬의 겉모습이 화려하기 그지없으며, 구슬마다 새겨진 문양이 모두 다르다는 사실에 입을 다물지 못할 정도이다. 우리 선조의 청자향로나 물병도 마찬가지이다. 그런데 다층구나 청자를 만든 사람은 완벽함을 목적으로, 즉 만드는 행위 자체를 목적으로 했을 뿐 무엇을 위한 수단으로서 그것들을 만들지는 않았을 것이다. 예술가의 행위를 놀이의 본질을 실현하는 대표적인 사례로 보는 것은 이런 이유에서이다.

둘째, 놀이의 열광은 꿈과 상상력의 산물이다.

놀이가 단순히 생물학적 차원에서 심심풀이가 아니라 인간과 동물을 가르는 문화의 산물인 이유는 그것이 인간의 꿈과 상상력을 현실화하는 행위라는 점 때문이다. 우리는 아이들이 모래로 성을 쌓는 놀이에서 그들의 진지함과 우쭐거림이 그들의 상상력을 현실화하고 그 결과와 관계한다는 것을 알 수 있다. 앞에서 예로 들었던 다층구와 청자향로의 경우도 똑같다. 그것을 만든 사람은 자신의 상상력을 실현하는 데 몰두했으며, 그 과정에서 수많은 시행착오를 겪으면서 그들이 최종적으로 얻은 것은 자신의 상상력을 실현했다는 자기도취와 자기만족일 것이다. 경기를 위해서 세운 콜로세움이나 영국식 정원 또는 석가탑을 만든 사람도 아마 상상력의 실현에 경탄하고 그것이 완성되었을 때 열광했을 것이다. 그들의 열광은 노동의 결과에서 오는 만족과는 다른 것이다.

셋째, 놀이는 사회적 활동이다.

놀이가 결과보다는 과정을 중요시하고 꿈과 상상력과 밀접한 관계가 있다고 해서 놀이를 고독한 공간에서 혼자 노는 것으로 생각해서는 안 된다. 놀이는 사회적 성격이 강하며, 서로 경쟁하고 협동하는 과정에서 놀이의 기쁨은 배가 된다. 강강술래가 그 대표적인 사례이다. 지적인 놀이에서도 놀이의 사회성이 엿보인다. 종교의 권위가 절대적인 영향력을 행사하던 중세에 나름의 가치와 사상의 자유를 노린 대학의 토론에서도, 또 오늘날 티베트의 상원에서도 논쟁은 놀이의 성격이 강하다.

인간의 놀이는 다양한 가치를 지니고 있으며, 이러한 놀이 행동을 일으키는 성향 내지 태도를 놀이성(playfulness)이라 한다(김영희, 2002). 성인에게 있어서도 놀이성이란 즐거움을 더하기 위해서 자기의 활동을 재미있는 것으로 생각하거나 또는 그런 활동에 참여하는 성향을 뜻한다(Glynn & Webster, 1992). Aguilar(1985)는 놀이성이란 개인이 활동할 때 자립적으로 행동하게 하는 개인의 지각 또는 태도이며, 인간의 생활방식의 한 부분으로 존재하고 자유로운 내적 성향, 표현 및 외적인 영향으로부터 얼마나 자유로운가에 대한 것으로 특징지을 수 있다고 하였다. Erikson(1977)은 놀이성은 전 인생 주기에 걸쳐 나타난다고 하였다. 전 생애에 걸쳐 놀이성이 개인의 인지양식, 창의성, 적응행동 등 다른 발달과 관련이 높으며, 특히 인간의 인생주기에 걸쳐 활력을 줄 뿐 아니라 삶에 접근해 가는 태도를 결정하게 되어 어려워 보이는 과제나 환경에 처했을 때라도 그것을 즐길 수 있게 하는 놀이적인 태도를 가지고 있으면서 그러한 어려움에 쉽게 대하게 된다고 하였다. 이렇듯 놀이성은 아동뿐 아니라 성인 및 노인에게 있어서도 건강한, 공통적으로 찾아볼 수 있는 내적인 성격이라고 할 수 있다.

06 노인에게 놀이란 무엇인가

노인들은 나이가 듦에 따라 사회적 역할을 마치고 퇴직을 하고 나서 막상 자신이 무엇을 하며 시간을 보내야 하는지에 관해 암담해 하는 경우가 있다. 그러나 대부분 시간적인 여유가 많아지면서 노년기를 더욱 행복하게 보내고 싶은 욕구가 많아진다. 이런 이유 등으로 노인들에게 놀이는 젊은이들과는 다른 개념일 수밖에 없다. 그러므로 노인의 놀이에 대한 정의는 '시간' '움직임이나 활동' '마음의 상태 인식'(Kelly & Woodward, 1996) '기억의 회상'과 같이 네 가지 범주로 볼 수 있다.

첫째, 놀이는 노인 자신에게 재미를 느끼게 하는 자유시간이다(Murphey, Hyams, Fisher, & Root, 1975; Parker, 1976). 노년기의 놀이를 설명할 때 시간이라는 범주를 선택하는 것은 상당히 매력적이다. 많은 경우에 노년기에는 할 일을 상실하는 데서 오는 자유시간을 놀이와 연관시켜 생각하는 성향이 있다. 왜냐하면 놀이란 꼭 필요하지 않은 것을 얻기 위하여 시간을 보내는 것 또는 특별한 의무감 없이 내가 원하는 것을 할 수 있는 유용한 시간, 내가 휴식을 취할 수 있는 시간(나항진, 2003; McGuire et al., 1996)이기 때문이다.

둘째, 놀이는 움직임이나 활동(movement or activity)이다(Wylon, 1980). 다시 말해,

놀이란 사회적 의무로부터 벗어나 취하는 운동이나 신체적 움직임, 또는 자발적 사회 참여, 기분 전환을 통한 자유로운 창조적인 에너지 발산 그리고 그 에너지 발산에서 오는 지식의 확대가 가능하게 하는 임의적이고 신체적인 움직임이나 활동을 총체적으로 표현한 것이다. 특히 거동이 불편하여 요양병원에 거주하게 되는 노인들에게 놀이는 자연스러운 움직임이나 활동을 통해 자신의 건강 상태를 증진시키는 도구가 되기도 한다.

셋째, 노인들에게 놀이는 어떠한 것을 선택하고 즐기는 것을 인식하는 '마음의 상태 인식(state of mind)'이라고 보기도 한다(Pieper, 1952). 이와 관련되는 예들을 보면 인파가 많은 곳에서 계산하기 위해 맨 뒷줄에 서 있지만 걱정하지 않는 것, 성과를 내야 한다는 심리적인 부담감 없이 즐거움과 여유를 추구하는 순간 등이 그것이다(McGuire et al., 1996).

넷째, 노인들에게 놀이는 과거의 기억을 회상하고 회상한 기억들과 관련된 기뻤던 기억이나 심지어는 힘들었던 감정들을 되짚어 보게 하는 매개체이다. 이와 같이 과거 회상을 위한 놀이는 기억의 재생뿐 아니라 노인들의 우울감을 완화시키고, 인지기능에도 긍정적인 영향을 미치며 노인들의 전반적인 삶의 질을 향상시키는 데 도움을 준다(김영숙, 도복늠, 2005).

이렇듯 노인들에게 놀이란 시간, 움직임이나 활동, 마음의 상태 인식 그리고 기억의 회상이라고 하는 네 가지 요소가 모두 포함된 것으로, 단지 재미있는 활동만을 의미하는 것은 아니며 재미있는 활동을 한다고 해서 놀이의 충분조건이 성립되는 것도 아니다.

노인들이 생각하는 놀이는 일단 노인이 자신을 위하여 흥미를 갖고, 자유시간에 행해지는 활동 일체로 본다. 다시 말해, 노년기의 시간적 공백을 메우기 위한 순수한 취미 · 오락 활동으로 의미를 부여하기도 한다. 그러나 노인들은 이러한 놀이를 통해서 노후생활에 필요한 심신의 건강을 유지하고, 재미있고 보람 있는 활동을 하며, 사회적인 접촉을 통하여 사회에 더 통합된 사회 구성원으로서 결속력을 갖게 된다.

1. 오늘날 노인들은 무슨 놀이를 하고 놀까

박희현과 송민선(2010)이 65세 이상 47명의 노인을 대상으로 현재 노인들이 주로 하는 놀이내용, 노인이 '잘 놀았다'라고 인식하는 상황, 놀이 후 노인의 심리 및 신체 행동의 변화를 분석한 결과는 다음과 같다.

표 6-1 **노인의 놀이내용 분석**

범주	내용
운동체육활동	일반 체력 운동, 등산, 산책, 여행, 게이트볼, 수영, 체조, 탁구, 골프, 요가, 낚시
게임활동	화투, 컴퓨터 게임, 바둑, 당구, 윷놀이, 퍼즐
대화언어활동	담소, 수다, 독서
예술창의활동	노래 부르기, 춤, 요리, 화초 가꾸기, 악기 연주, 음악 감상, 서예, 뜨개질
기타	손자녀와 놀기

표 6-2 **노인이 '잘 놀았다'라고 인식하는 상황 분석**

범주	내용
신체운동영역	여행을 다녀와서, 스포츠 게임을 했을 때, 노래를 부를 때, 운동을 하고 난 후, 등산을 했을 때, 춤을 출 때, 나들이 갔을 때, 놀이를 한판 했을 때
정서 및 사고 영역	게임이나 놀이에서 성취감을 느꼈을 때, 놀이 후 즐거움을 느낄 때, 운동 후 상쾌한 기분이 들 때, 친구들과 같이 시간을 보내고 나서 살아 있다고 느낄 때
사회성 영역	친구들과 함께 어울려 놀았을 때, 친구와 여행할 때, 가족이 함께 모여서 놀았을 때, 배우자와 게임할 때, 손자녀와 웃고 장난칠 때, 게임에서 친구를 도와서 득점했을 때
언어영역	많이 웃었을 때, 큰 소리로 웃었을 때, 말을 많이 했을 때, 독서를 했을 때
기타	술자리를 하고 나서, 음악을 들었을 때, 말없이 쉴 때

표 6-3 │ **놀이 후 노인의 심리 및 신체 행동의 변화**

범주	하위 범주	내용
심리 변화 (정서 및 사고 변화)	즐거움	기분이 좋음, 상쾌함, 행복함, 즐거움, 재미 있음, 우울함이 없어짐, 아픈 곳을 잊어버림
	성취감, 자신감	성취감, 자신감이 생김
	생동감	살아 있다는 느낌, 전율이 흐름
	편안해짐	여유로워짐, 마음이 편함, 마음이 가벼움
	타인 이해	타인에 대해 이해심이 생김
신체 및 행동 변화	건강해짐	몸이 가벼워짐, 더 건강해짐, 아픈 곳이 없어짐, 젊어짐, 몸에 생기가 넘침, 몸이 편해짐, 몸이 조금 피곤해짐, 잠이 잘 옴, 피로가 회복됨
	스트레스 해소	저절로 웃음이 나옴, 노래가 절로 나옴, 스트레스가 풀림
	대인관계	가족과 대화를 많이 하게 됨, 배우자에게 친절해짐

노인은 놀이에서 다음과 같은 놀이성(김영희, 1995; 박희현, 송민선, 2010; Barnett, 1990, 1991)을 보인다.

- 놀이할 때 신체기관 간의 협응이 잘되고 신체를 적극적으로 움직이며 동적인 것을 좋아하는 신체적 자발성을 띤다.
- 놀이할 때 또래의 접근에 쉽게 반응하고 협동적이며 친구를 쉽게 사귀고 놀잇감을 함께 나누는 특성을 지닌 사회적 자발성을 띤다.
- 놀이할 때 주도적이고 다양한 역할을 하고자 하며 놀잇감을 융통성 있게 사용하고 독창적인 특성을 보이는 인지적 자발성을 띤다.
- 놀이할 때 다양한 활동에 참여하고 열중하며 기운차고 즐거워하며 감정 표현이 자유로움을 나타내는 즐거움의 표현을 띤다.
- 장난기가 많고 우습고 재미 있는 이야기를 잘하고 익살스러우며 우스꽝스런 이야기에 잘 웃는 유머 감각의 특성을 띤다.

• 자기 스스로 잘 놀았다고 생각하는 경우보다 잘 노는 또래 친구의 특성을 제시한다.

노인에게 이러한 놀이성은 신체적으로 건강하고 활력을 주며 정서적으로 즐거운 감정을 불러오고 사회적으로 사교성을 보이는 긍정적인 기능을 하는 것을 알 수 있다.

노인에게 있어 놀이는 노인의 독립적 생활을 위해 필요한 최소한의 능력을 유지시키거나 회복시키는 필수적인 조건이며, 삶의 의미를 인식하게 하는 힘을 가지고 있다. 기쁨과 창조적인 힘을 가진 놀이는 성장과 더불어 이미 내재된 치료적인 요인들로 인하여 노인의 생명 유지와 삶에 대한 가치와 보람을 느낄 수 있도록 돕는다(신혜원, 2009a; 이순형, 2009). 특히 치료 차원에서 보면 노인기에 신체적 노화로 인해서 신체운동의 민첩성이 떨어질 뿐 아니라 근육이 경직되어 내부 순환기 문제를 일으킬 가능성이 크지만, 놀이를 통해 소근육과 대근육의 운동으로 민첩성을 기를 뿐만 아니라 순환기의 활성화를 증진시킬 수 있다. 노인기에는 여러 의미의 단어나 문장이 혀끝에서 맴돌고 기억력이 감소되는 경향이 있으나 언어놀이를 통해 언어 기억력이나 문제해결력 등 지적 능력의 감퇴를 늦출 수 있다. 따라서 놀이는 인간의 생태적 프로그램에 따른 신체와 두뇌, 신체 내부 기관의 사멸을 방지하고 늦추는 생명 활성화 수단으로 기능해 왔다고 볼 수 있다.

놀이는 노인의 신체적 · 정신적 결함을 치료할 수 있는 중요한 도구이며, 즐거운 놀이활동은 노년기 심신의 건강을 위해 예방적인 측면에서나 치료적인 측면에서 유용한 활동이라고 할 수 있다(방은령, 2009).

2. 노인놀이의 이론과 원리, 유형은 무엇인가

1) 노인놀이이론

많은 학자가 놀이에 대해 다음과 같은 이론적 접근을 해 왔다. 지금까지 강조되고 있는 놀이이론에는 고전적 이론으로 잉여에너지이론, 에너지갱신이론과 반복이론, 연습이론이 있다.

잉여에너지(surplus energy)이론은 놀이를 신체의 자연적 에너지 방출이라고 하고, 에너지갱신(renewal of energy)이론은 놀이를 신체의 자연적 동작 기능이 회복되는 동안 지루함을 피하는 것이라고 한다. 반복(recapitulation)이론에서 놀이는 인류의 진화적 역사의 시기를 다시 사는 것이라고 하였으며, 연습(practice)이론에서는 놀이를 성인으로서 기능하기 위해 필요한 지식과 기술을 발달시키는 것이라고 하였다(김광웅, 김기수, 2004).

놀이에 대한 고전적 이론에서는 놀이를 하는 이유를 주로 신체적인 측면의 이점으로 논한 반면, 현대의 이론에 있어서 정신분석이론에서는 사람들이 놀이를 하는 이유를 세계에 대한 통제감과 금지된 충동을 표현하는 수용 가능한 방식을 제공하여 불안을 감소시키기 때문이라고 하였다.

Jean Piaget의 인지발달이론에서는 전반적으로 인지발달을 촉진하고 이미 일어난 학습을 강화하는 것으로 받아들였다. 또한 각성조절(arousal modulation)이론에서는 신체의 최적의 각성 수준을 유지하고 지루함을 해소하며 불확실성을 감소시키기 위해 놀이를 한다고 하였다(김광웅, 김기수, 2004).

신혜원(2009b)은 다양한 놀이이론의 고찰을 통해 이를 노인놀이에 적용하였는데, 먼저 잉여에너지이론은 현대의 신체 건강한 노인들이 남은 에너지를 놀이활동을 통해 발산하는 것으로 설명될 수 있다고 하였다. 건강하지 못한 노인이라 할지라도 무력한 시간들을 놀이활동으로 활용하여 부족한 활력을 재충전할 수 있다. 휴식이론은 노인이 일상생활을 보다 윤활하게 영위하기 위해 필요한 에너지를 놀이활동으로 새롭게 충전할 수 있다는 이론이다. 육체적인 노동은 사실상 줄어들었지만 소외감이나 외로움 등으로 정신적인 스트레스가 쌓여 있는 노인에게 동료나 친구들과 함께 즐길 수 있는 놀이활동은 정신적인 피로를 풀어 주는 효과적인 치료제 역할을 한다. 정신적 안정은 생활에 새로운 활력을 제공하여 노년의 소외감에서 벗어날 수 있게 한다. 연습이론 측면에 있어서 길어진 노년기와 급변하는 주위 환경에 원활하게 적용할 수 있는 방법을 놀이를 통하여 연습할 수 있다는 점에서 이 이론은 노인에게 매우 유용하다. 예를 들어, 단체활동을 통해서 타인과 관계를 형성하며, 그 관계 속에서 단절되기 쉬운 가족과 타인과의 융화와 조절 그리고 협동 등을 연습해 간다. 놀이를 접목한 언어활동과 이야기활동, 단어나 숫자 게임 등은 기억이나 판단 기능이 떨어지는 노인들의 인지능력을 향상 또는 유지시킬 수 있다는 점에서 놀이는 노인에게 분명 유익하다고 설명할 수 있다. 정신분석이론에서는 소망의 충족과 더불어 충격을 받은 사건을 극복하는 데 필요한 것이 놀이라고 보았는데, 노인에게 놀이를 활용하면 노인의 내면에 쌓여 있던 소망의 충족, 아픔이나 슬픈 감정을 해소하는 등의 정서적 치유 효과를 기대할 수 있다.

마지막으로, 각성조절이론은 노인에게 있어 놀이활동의 심리적 효과를 설명할 수 있는 이론이다. 놀이는 무기력해진 일상과 심리상태에 있는 노인에게 환상적 요소인 새로운 활력과 자극을 선사한다. 노인에게 놀이는 최적의 각성 수준으로 이끄는 자극 추구 활동이다.

2) 노인놀이의 철학적 원리

철학자들은 놀이에서 다음과 같은 철학적 원리를 제시하였다.

첫째, 놀이에서 중요한 것은 주체나 중심이 아니라 놀이하는 과정 자체이다. 놀이의 의미는 놀이하는 자의 의도에서 비롯되기보다는 놀이활동의 산물이다. 놀이하는 자는 오히려 놀이에 참여함으로써 의미를 얻는다. 놀이와 놀이 참여자의 관계에서 주체와 객체는 완전히 전도된다. '놀이가 놀이한다'는 Gadamer의 언명은 바로 이런 맥락에서 나온 것이다.

둘째, 놀이는 일상적인 혹은 실제의 생활이 아닌 허구의 세계에서 이루어지는데도 놀이에 담긴 생성과 우연, 순간의 속성은 인간의 상상력과 창조의 뿌리가 된다. 일반적으로 놀이는 현상적인 것, 진리에서 거리가 먼 것으로 간주했으며, 그것은 진리를 인식하는 데 방해가 되는 것으로 믿었다. 놀이에 담긴 생성과 우연, 순간의 속성은 인간의 상상력과 창조의 뿌리가 되어 개개인의 인식과 가치 실현에 본질적인 것으로 받아들이고 있다. 또한 허구의 세계에서 가진 상상력과 창조의 경험은 놀이를 마친 후에도 현실 생활에서 고스란히 작용한다.

셋째, 놀이의 모호한 지위, 즉 놀이의 비주관성, 비목적성 또는 무목적성, 무의미성의 접두어 '비' 또는 '무'는 단순히 실재와 모순관계에 있는 것이 아니다. 그것은 차라리 세계의 고유한 존재방식을 뜻한다.

넷째, 모든 놀이는 내적 동기에서 비롯되는 전적으로 자발적인 행위이다. 자유라는 본질에 의해서만이 놀이가 존재하고, 참여를 강요당하는 순간 놀이는 의미를 상실한다. 놀이에 열중하는 사람은 자발적이고 완전히 자신의 의지에 따라 놀이를 즐기며, 언제라도 놀이를 그만둘 수 있는 자유가 있다.

　다섯째, 놀이는 놀이하는 사람에게 재미와 즐거움을 선사하고 웃음을 짓도록 하지만, 놀이는 결코 가벼운 것이 아닌 진지한 행위이다. Plato는 놀이를 성스러운 행위라고 보고 정신의 최고의 자리에 올려놓기까지 하였다. 놀이에서는 재미와 즐거움을 넘어 자유, 행복, 진리의 깨우침, 진솔한 만남을 통한 진지한 웃음이 필요하다.

　여섯째, 놀이는 놀이가 끝난 뒤에도 지속하려는 경향이 있다. 특수 상황 속에 함께 있다는 감정, 무엇인가 중요한 것을 공유한다는 감정, 일상 세계의 규범을 함께 배격한다는 감정은 개개의 놀이가 계속된 시간을 넘어서까지 그 힘은 지속된다.

3. 실제 노인들은 무엇을 하고 노는가

　앞서 여가실태에서 본 것처럼 〈표 6-1〉에 제시된 노년기의 놀이는 일반적으로 심심풀이, 오락 등의 유치한 것 정도로 이해되고 있다. 특히 건강한 인생 3기의 노년기의 놀이에 대해서 우리의 태도는 매우 부정적이다. 인생 3기의 노년기는 노는 인간보다는 노동하는 인간이 더 환영받고 존경받는다. 노인들은 젊었을 때부터 노동의 가치가 여가의 가치를 훨씬 능가하는 문화 속에서 살아왔다고 할 수 있다. 이로 인해 다양하고 의미 있는 놀이 경험이 부족하며 놀이를 활용할 수 있는 기회가 충분하지도 않고 놀이를 향유할 수 있는 기술(play competency)도 지니지 못하였다. 더욱이 이들은 현재 자신들이 그토록 중요시하던 노동 및 사회 활동으로부터 자신들의 의도와는 관계없이 배제되고 있다. 이로 인해 적지 않은 노인들이 '역할 없는 역할(roleless role)' 속에서 원치 않는 여가로 충만한 생활(full-time leisure) 때문에 놀지도 못하고 고통받고 있는 실정이다. 또한 노인에 관한 잘못된 신화는 노인의 놀이에 대한 부정적 인식을 확대, 재생산하고 있다. 그러한 신화 중에는 노인들은 죽음을 맞는 순간까지 여가로 가득찬 시간을 보낸다거나 반대로 노인은 여가와 관련이 없는 사람들이라거나 놀이를 향유할 능력이 없다는 것 등을 들 수 있다(나항진, 2003b). 이런 이유로 여가란 노인들을 포함한 사회의 주변인들에게도 '삶의 질 향상'

을 추구하는 보다 적극적인 개념으로 인식되어야 하고(나항진, 2003a), 그 어느 때보다 노인들에게 행복한 노년을 위해 놀이의 가치가 주목받고 놀이의 속성인 우연, 순간, 자유, 상상력, 창조 등이 각광받는 시대이지만 여전히 인생 3기에서의 놀이는 중요하지 않거나 효율적이지 않은 무엇으로 간주되곤 한다. 놀이에 대한 이러한 통념은 놀이가 노인의 성장과 치유의 주제가 되는 것이 불가능하다는 선입견을 심을 정도로 견고하다.

　노인복지관 등에서 많이 볼 수 있는 인생 4기의 놀이는 노인의 신체적 · 정신적 결함을 치료할 수 있는 중요한 도구로 활용되고 있다. 박희현과 송민선(2010)의 연구에서 보면 노인놀이는 아동과 마찬가지로 심리적 · 신체적으로 긍정적인 변화와 다양한 심리치료적 속성을 보인다고 한다. 노인의 놀이내용을 분석한 결과에 따르면, 운동 및 체육 활동이 가장 많이 인식되고 있고, 화투, 컴퓨터 게임, 바둑 등의 게임을 놀이로 주로 하였으며, 담소, 수다와 같은 대화활동과 노래 부르기, 춤추기 등과 먼저 같은 예술활동을 놀이로 인식하고 있었다. 이러한 노인들의 놀이성을 살펴본 결과, 잘 노는 친구와 잘 놀았다고 인식되는 상황에서 다양한 활동을 하며 활동적이면서 적극적인 신체운동능력과 관련된 특성을 가장 많이 이야기하였고, 다음으로는 즐거움과 같은 긍정적인 정서 및 사고 특성으로 인식하고 있었다.

Part 3

성장과 치유를 위한
노인놀이의
통합적 접근

07 놀이치료 이론 및 접근 방법

놀이치료는 초기에 아동을 중심으로 적용된 아동놀이치료가 중심이었지만, 과거의 놀이치료가 초석이 되어 현대에 와서는 집단, 가족, 노인과 같이 성인에게도 적절하게 수정되고 보완되어 적용되고 있다.

1. 놀이치료의 역사

'일 년 동안 대화를 나누는 것보다 그 사람과 한 시간만 놀아 보면 상대방을 잘 파악할 수 있다'고 주장한 플라톤 시대 이후부터 놀이치료는 사람들에게 인식되기 시작했다. 18세기에 Jean Jacques Rousseau 역시 그의 책 『에밀(Emile)』에서 아동의 놀이를 잘 관찰하는 것이 아동을 이해하기 위한 수단이라고 강조해 왔다. Friedrich W. Frobel도 그의 책 『인간의 교육(The education of man)』에서 놀이의 상징성이 중요하다고 강조하였다. 그는 "놀이 자체가 아동 영혼의 자유표현이기 때문에 아동기 시절의 가장 높은 수준의 발달은 놀이라고 볼 수 있다. 그러므로 아동의 놀이는 단

순히 몸을 움직이는 스포츠가 아니라 그 나름의 의미와 중요성이 있다."고 주장하
였다(Frobel, 1903).

2. 놀이치료의 적용

놀이치료는 일반적으로 3~11세 사이의 아동이 자신의 경험과 감정을 편안하고
안전한 공간 내에서 치료사와 공유하고, 놀이를 통해 스스로 치유의 과정을 경험하
는 것을 말한다. 아동이 자신의 경험과 감정을 놀이를 통해서 의사소통하기 때문
에 놀이는 아동에게 자신과 타인을 수용하는 중요한 수단이 된다. 초기에 놀이치료
는 아동을 돕기 위해 상담이나 심리치료의 형태와 결합하여 적용되었고, 놀이로 의
사소통을 하고 심리적인 고통과 위험을 예방하고 해결하기 위해서도 사용되었지만
지금은 아동이 아닌 성인과 노인을 위해서도 사용되고 있다.

또한 놀이치료는 치료만이 아니라 진단도구로서의 역할도 한다. 먼저 놀이치료사
는 놀이도구로 놀이를 하는 치료 대상을 관찰해서 어떤 것이 치료 대상을 괴롭히고
있는지, 놀이치료 대상에게 필요한 것이 무엇인지를 알아낼 수 있다. 치료 대상이
선택하는 놀이기법이나 놀이패턴뿐만 아니라 놀이치료사와 상호작용할 때의 치료
대상의 행동이나 태도도 미래의 치료활동에 도움이 되는 중요한 정보가 된다.

정신역동이론(정신역학이론)의 관점에 의하면 사람은(특히 아동은) 내재적인 혼란
과 불안을 극복하기 위해서 놀이행위를 한다고 한다. 그러므로 여기서 놀이치료는
아동이 '자유놀이'나 '구조화된 놀이'가 허용되는 시간 동안 스스로를 도우려고 하
는 의도에서 사용된다고 본다. 그러나 이것은 모든 놀이치료의 유형이 자유놀이 방
식으로 행해진다는 뜻은 아니다. 어떤 놀이치료는 비지시적 놀이치료(non-directive
play therapy)와는 거리가 멀고 오히려 치료 시간 동안 다양하고 많은 지시를 놀이
치료 대상에게 주는 지시적 놀이치료(directive play therapy)도 있다. 지시적 놀이치
료는 체계적인 형태나 덜 구조화된 접근법을 사용하여 놀이치료 대상자의 문제행

동을 변화시키기 위하여 내재적인 둔감화(desensitization)와 재학습치료(relearning therapy)의 방법을 사용한다.

3. 놀이치료 기법

1) 비지시적 놀이치료

비지시적 놀이치료(non-directive play therapy)는 놀이치료 대상(아동 혹은 성인 내담자)을 통제하거나 변화시키려 하지 않으며, 놀이치료 대상의 행동은 완전한 자아실현을 위한 추동에서 기인한다는 이론에 바탕한다. 비지시적 놀이치료의 목표는 놀이치료 대상의 자기인식과 자기안내이다. 놀이치료사에게는 잘 준비된 놀이치료실이 있어야 하고, 놀이치료 대상에게는 놀이를 할 것인지 아니면 조용히 있을 것인지를 선택할 자유가 있으며, 어떤 놀이도구를 선택하여 놀 것인가에 대한 자유도 있다. 놀이치료사는 놀이치료 대상이 감정을 표현하고, 동일시하며, 수용할 때 자기 자신을 수용하고, 그 감정을 자유롭게 다룰 수 있다는 사실을 믿으며, 놀이치료 대상의 사고와 감정을 적극적으로 반영해 주어야 한다. 이때 놀이치료사의 역할은 놀이치료 대상의 그림자가 되어 주는 것이다. 그래서 이 놀이치료를 내담자중심치료(놀이치료 대상 중심 치료)라고 부르기도 한다.

Carl Rogers(1942)가 이 기초를 마련하였다. 그는 관계놀이치료를 깊이 있게 연구하고 그것을 더욱 발전시켜 비지시적 놀이치료기법을 만들어 냈고, 1951년에 이것을 내담자중심치료(놀이치료 대상 중심 치료)로 전환하였으며, 현대에는 인간중심치료로 불리게 되었다. 이것은 추후에 Rogers의 학생이자 동료인 Virginia Axline(1947)이 아동에게 성공적으로 적용하여 아동중심의 놀이치료로 확장시켰다. 이것이 놀이치료에서 가장 오랫동안 적용된 놀이치료기법이며, 검증된 연구도 가장 많이 뒷받침되어 있다.

2) 정신분석적 놀이치료

정신분석적 놀이치료(psychoanalytic play therapy)는 주로 성인을 대상으로 적용하여 온 방법이기 때문에 아동에게 적용하기가 쉽지 않다. 기존의 성인의 치료법을 아동에게 적용하는 것과 아동분석이 성인정신분석과는 다르다는 것을 알게 되었다. 아동은 자신의 불안을 성인처럼 언어로 표현할 수 없다. 또한 아동은 성인과 달리 자신의 과거를 탐색하거나 자신의 발달단계에 관해 토론하는 것에 관심이 별로 없으며, 자유연상(free association)도 거부한다. 결과적으로 1900년대의 놀이치료사는 아동을 관찰하기만 하는 간접적인 치료방법에만 주로 의존하였다.

Freud가 발전시킨 자유연상법[1]은 인지력이 있어야 할 수 있는 활동이기 때문에 Anna Freud는 아동이 자유연상법을 감정 수준에서 경험할 수 있도록 기법에 변경을 가하였다. 그녀는 아동이 백일몽이나 환상을 언어로 표현하도록 격려하였으며, 아동이 감정과 태도를 말하기 어려워하면 조용히 앉아 '그림을 보도록' 하였다. 이러한 기술을 통해 아동이 자신의 내면의 생각을 언어화하는 법을 배우고, 분석가의 해석을 통하여 사고의 의미를 발견하도록 하였다. 이렇게 함으로써 아동이 자신의 무의식 세계에 대해 알게 되는 것이다. 그녀는 치료자와의 관계가 발전됨에 따라 놀이보다는 언어적 상호작용을 더 하는 것이 좋다고 강조하였다.

3) 이완놀이치료

이완놀이치료(release play therapy)는 David Levy(1938)가 발전시켰다. 이완놀이치료에서는 구체적인 스트레스 상황을 가진 놀이치료 대상을 위한 구조화된 놀이치료적 접근법을 사용한다. Levy는 아동의 놀이는 해석할 필요가 없고, 그의 놀이

---

1) 자유연상법: 정신분석학에서 사용되는 기법으로, 내담자에게 어떤 사진이나 단어를 주고 자신에게 주관적으로 떠오르는 것을 자유롭게 언어로 표현하게 하는 것

치료방법은 놀이치료의 카타르시스(정화) 효과에 기초를 두고 있다고 하였다. 이완
놀이치료에서 놀이치료사의 주된 역할은 선택한 놀이도구를 통해 놀이치료 대상의
불안 반응을 일으키는 경험을 다시 만들어 내는 장면으로 전환할 때 매개체가 되어
주는 것이다. 놀이치료실에서 아동이 치료사와 친밀감을 느끼도록 자유놀이를 하
게 한 후 적절한 타이밍에 놀이도구를 이용하여 스트레스를 일으키는 장면을 만들
어 낸다. 충격적인 사건의 재연출은 놀이치료 대상으로 하여금 고통과 긴장을 표출
하게 한다. 이 과정이 끝난 후 나머지 시간에는 놀이치료 대상이 마음대로 자유놀이
를 하도록 해 준다. 경험을 '놀이'로 표현하고 다시 경험하는 과정을 통해 놀이치료
대상은 놀이를 통제할 수 있게 되어 피해를 당하는 '수동자'의 역할에서 적극적인 역
할인 '행위자'로 입장으로 전환하게 된다. 이완놀이치료를 할 때 치료사는 놀이치료
대상이 표현한 언어적 · 비언어적 감정 모두를 치료에 반영한다.

　　Hambidge(1955)는 '구조화된 놀이치료'라는 제목으로 레비의 이완놀이치료를 확
장시켰다. 여기서는 치료관계의 형성에 이어 불안을 야기하는 상황을 직접 재현하
고, 상황을 놀이로 연결한 다음 개입을 통해 아동이 회복할 수 있도록 자유놀이를
허용하였다.

4) 관계놀이치료

　　Jesse Taft(1933)와 Frederick Allen(1934)이 주장하여 체계화시킨 치료법을 관계
놀이치료(relationship play therapy)라고 하는데, 이 놀이치료도 중요한 발전을 이룬
치료법 중의 하나이다. 관계놀이치료에서는 기본적으로 치료사와 놀이치료 대상
사이의 정서적 관계의 치료적인 힘(healing power)을 강조한다. 다시 말해, '지금 그
리고 여기'라는 현재 시점에서 벌어지고 있는 치료사와 놀이치료 대상과의 관계가
중요하다는 것이다. 이 놀이치료법에서 Jaft와 Allen은 놀이치료 대상 스스로 행동
을 구조적으로 변화시킬 저력이 있다고 보고, 놀이를 할 것인지 말 것인지에 관해
자신이 놀이활동을 주도할 것인지를 선택할 자유가 놀이치료 대상에게 주어져야

한다고 믿었다.

이 관계놀이치료의 전제는 아동이 점차로 자신은 독립적인 존재이며 자신이 능력을 가지고 다른 사람과의 관계 속에 존재할 수 있다는 것을 깨닫게 해 주고 깨달을 수 있다는 것이다. 이 놀이치료에서 아동은 성장과정을 스스로 책임지고 치료사는 자신보다 놀이치료 대상(아동)과 관련된 어려움에 집중해야 한다.

5) 부모놀이치료 혹은 부모-자녀 관계 증진 놀이치료

아동과 가족 전체의 현재와 미래의 정신건강을 위해 가장 중요한 것은 부모-자녀 관계이다. 부모놀이치료(filial play therapy)/부모-자녀 관계 증진 놀이치료(Child Parent Relationship Therapy: CPRT)는 부모를 그들 자녀의 치료적 중간 개입자로 만들기 위해 교육 지침서를 제공하고, 놀이 시간 설명하기, 집에서 놀이시간 가지기, 지지적인 환경에서 슈퍼비전 받기 등의 전문적인 놀이치료 훈련을 실시하는 놀이치료기법이다. 부모는 아동중심놀이치료의 기본적인 원리와 기술을 익히고, 반영적 경청하기, 아동의 감정을 알아차리고 반영해 주기, 치료적 제한 설정하기, 아동의 자존감 높이기를 배우며, 선별된 놀이도구 세트를 가지고 매주 자녀와 놀이시간을 가지게 된다. 이를 통해 부모는 자녀를 향해 무비판적이고, 이해하고, 수용적인 환경을 어떻게 만드는지를 배운다.

부모놀이치료는 9~11세 미만의 자녀를 둔 가족들을 상대로 행해지는데, 아동의 참여와 표현을 촉진하기 위해 치료 공간에서 다양한 놀이도구와 예술활동 재료를 사용한다. 어린 아동은 가족 면담에 효과적으로 참여하기 위해 필요한 언어능력을 가지고 있지 못하므로 때때로 아동은 놀이도구가 없으면 치료에 참여하지 못하고 구경꾼이 되거나 치료실을 목적 없이 배회하는 경우가 많다. 그러므로 이 치료에서는 치료사가 성인 가족 구성원끼리는 언어로 상호작용하고 아동과는 가족 인형을 주어 집에서 일어난 일을 보여 달라고 하면 집에서 어떤 상호작용이 일어나는지를 말로 설명하는 것보다 훨씬 더 효과적이고, 아동과도 소통하며 정보를 얻을 수 있다.

부모놀이치료에서 치료사는 '놀이촉진자' '역할 모델' '놀이치료 참여자' '교사' 또는 '교육자'와 같은 광범위한 역할을 수행하여야 한다. 놀이치료활동에 전 가족을 참여시킬 수 있고, 모두가 참여하면 매우 촉진적이다. 이 치료에 부모와 자녀가 함께 참여하면 부모는 미래의 가족 상호작용에 도움이 될 문제해결방식을 배우게 되어 유익하다.

4. 노인놀이치료

1) 노인놀이치료의 정의

노인놀이치료란 신체적, 정신적, 감정적으로 불균형 상태로 살아가는 노인들에게 놀이의 치료적 요인을 도구로 하여 노인들의 신체적 · 정신적 · 감정적 불균형 상태를 긍정적인 방향으로 개선시키도록 도와주기 위한 일체의 활동을 의미한다. 노인놀이치료란 흔히 '노인'과 '놀이' 그리고 '치료'의 세 가지 개념이 합쳐져 상호 보완되어 치료적 의미를 내포하는 새로운 용어라고 할 수 있다.

이처럼 노인놀이치료의 효과는 인지기능을 향상시키고 치매나 우울증 등을 가진 노인의 노인성 질환의 예방 및 치료를 목적으로 한다. 여기에는 여러 부분의 영역이 존재하지만 이 책에서는 그 중 미술, 음악, 언어 · 문학, 인지 · 게임, 전통놀이, 신체 · 운동, 생활 등의 7개 영역으로 구성하고자 한다. 특히 다른 연령과 달리 누구나 접근이 용이하도록 재미있고 흥미로운 프로그램들을 구성하여 노인들이 즐기면서 우울감과 무기력감 그리고 스트레스를 해소하고 새로운 만족감을 느낄 수 있도록 하고자 하며 이러한 과정들을 통해 노인들의 모든 기능을 긍정적인 에너지를 공급하는 에너지원이 되도록 해야 한다.

2) 노인놀이치료의 효과

노인놀이치료는 노인뿐만 아니라 남녀노소 누구에게나 매우 긍정적인 효과를 불러일으킨다. 다음은 노인놀이치료의 일곱 가지 영역의 효과를 나타낸 것이다.

첫째, 노인들의 신체적인 부분과 정신적인 부분의 건강을 증진시킨다.

둘째, 혼자에 익숙했던 노인들에게 다양한 인간관계를 통해 사회성을 증진시킨다.

셋째, 무의미한 생활을 하던 노인들이 놀이를 통해 창의적인 생각을 많이 하게 한다.

넷째, 놀이 프로그램을 통해 스트레스를 발산하여 정서적인 행복감을 증진시킨다.

다섯째, 다양한 놀이를 경험함으로써 심신을 편안하게 하여 준다.

여섯째, 타인과의 놀이를 통해 현실생활 적응력을 향상시킨다.

일곱째, 여러 놀이를 통해 건전한 취미 활동으로의 적극적인 태도를 갖게 한다.

5. 노인놀이 프로그램의 주제 중심 통합적 접근

노인놀이치료의 통합적 접근을 프로그램화하기 위해서는 가장 먼저 노인들의 신체적 · 정서적 · 사회적 · 언어 및 인지 영역을 통합시킬 수 있는 노인들의 특성을 알고 있어야 한다. 그 다음 노인들의 활동영역과 흥미영역의 통합을 이룰 수 있도록 세부 활동을 구성할 때에는 다음과 같이 하는 것이 좋다.

첫째, 노인이 어떤 활동을 할 때 즐거워하는가를 인지해야 한다. 둘째, 노인들의 일상생활과 관련된 활동에는 어떤 것들이 있는지 알아보아야 한다. 셋째, 노인들의 기억력이나 사고 · 인지 능력을 확장시킬 수 있는 활동은 무엇인지를 탐색하고 그에 맞게 프로그램을 구성해야 한다. 넷째, 전체적으로 노인들의 흥미와 활동영역을 통합하여 프로그램으로 구성하려면 어떤 활동들이 연계되어야 효과적인지에 관해 생각하고 구성해야 한다.

이처럼 모든 사람의 개인별 능력과 흥미는 다르다. 따라서 노인들도 각 개인의 능력에 따라 세부적인 프로그램을 설정할 필요가 있다. 왜냐하면 대부분 자신의 개인적인 환경이나 학력 그리고 가치관이나 개인적 특성 등이 다양하고 개인차가 크기 때문에 욕구나 특성을 잘 파악하여 프로그램을 구성해야 한다. 다른 연령대에 비해 노인들은 신체적으로나 정서적으로 특별한 주의가 필요하다. 정신적으로 우울감이나 삶의 의미를 잃고 무의미하게 살아가는 노인들에게는 정신적 스트레스를 풀 수 있는 유머와 재치 있는 이야기를 프로그램에 반영하여 구성하는 것이 좋다. 또한 노인들의 신체적 특성이나 그들의 개인적 성격, 사회 적응력, 다양한 개인별 욕구를 파악하여 그것들을 기초로 프로그램에 적용해야 한다. 노인들은 개인별 차이가 크기 때문에 개인마다 세심하게 상태를 파악하여 개인 중심 지도방법을 적용하여 프로그램을 진행한 후 점차 단체활동으로 지도하는 것이 좋다. 한편, 연령이 높아질수록 개별적인 놀이치료의 활동과정을 통합하기 위한 다양한 접근방법이 필요하다. 그중 가장 일반적으로 사용하는 방법이 포가티(fogarty)인데, 이것은 거미줄 모형을 통한 주제 중심 접근방법이다. 이 방법은 하나의 주제를 중심으로 다양한 프로그램을 보다 더 통합적으로 재구성하고, 이와 더불어 다양한 아이디어를 계획하도록 하는 전략방법을 제공해 준다. 특히 거미줄 모양을 연상하듯 다양한 정보와 아이디어를 그 주제에 맞게 프로그램화시키는 것을 의미한다. 이러한 주제 중심적 통합을 하기 위해서는 다음과 같은 순서가 필요하다.

1) 통합적 접근의 주제 선정하기

노인들은 나이가 듦에 따라 신체적, 정신적으로 많은 변화를 겪는다. 이러한 노인들을 위한 프로그램을 진행하기 위해서는 무엇보다 주제를 잘 선정해야 한다. 가장 먼저 노인들에게 일어나는 여러 현상을 이해해야 한다. 노인은 환경의 변화에 적응할 수 있는 신체기능이나 인체 조직의 노화현상으로 적응능력의 감소와 조직능력의 감퇴 등이 나타남으로써 자신 스스로 환경 변화에 적응을 못하는 사람이라고 할 수 있다. 따라서 주제 선정 방식 기준은 프로그램 참여 노인들의 생활환경과 주제와의 관련성이 일치할수록 효과적이다. 그리고 수업 진행 시 노인들이 이용하는 시설은 접근이 용이한 곳이 좋으며, 수업 참여 시간이나 주제별 전개 기간, 수업 자료들도 중요하다. 이처럼 통합적 접근방법을 선정하고 적용하는 데 있어 가장 중요한 것은 주제를 선정하는 것인데, 주제 선정 시 다음과 같은 다양한 요소를 고려해야 한다.

- 노인들의 주변 환경과 경험에 익숙한 것이어야 한다.
- 프로그램 활동내용이 주변에서 쉽게 활용 가능한 것이어야 한다.
- 노인들의 흥미를 끌 수 있는 주제이어야 한다.
- 노인교육의 교육과정 목표와 관련성이 있어야 한다.
- 노인들에게 충분한 기회를 제공해야 한다.
- 주제가 광범위하지 않도록 해야 한다.

2) 통합적 프로그램 실행하기

통합적 노인놀이치료 콘텐츠를 실행하기 위해서는 가장 먼저 통합적 접근방법을 결정해야 한다. 즉, 노인의 특성과 프로그램 진행 내용에 따라 통합적 접근방법을 결정하고, 내용에는 활동방법이나 치료자의 자세도 포함된다. 다음은 프로그램 진행 시 실행과정이다.

첫째, 프로그램 주제와 활동 진행 시 유익한 활동내용을 결정한다. 둘째, 프로그램 활동 영역에 노인들의 직접적인 경험을 적용한 다양한 아이디어를 포함시켜 계획하고 활동순서도 정한다. 셋째, 이러한 과정들을 통합하여 다양한 활동으로 연결한다.

한편, 통합적 적용 실행과정을 통한 모든 계획과 준비가 끝나면 노인들을 위한 통합적 적용과 운영을 구체화하면 된다. 이러한 과정을 거치고 나면 노인들만의 놀이 공간을 마련하고, 프로그램 활동 진행에 필요한 다양하고 흥미로운 교구들을 준비한다. 이때 놀이치료사는 노인들의 특성과 자신이 처해 있는 상황에 맞도록 융통성 있게 운영해야 한다. 이 후 노인놀이치료의 통합적 접근방법을 통한 프로그램 적용이 끝나면 종결로 마무리를 짓기보다는 새로운 프로그램 운영을 위한 피드백이 필요하다. 이러한 마무리 과정은 프로그램 계획 수립 때 부터 미리 선정하고 분석하는 것이 좋다. 주제 선정을 한 후 프로그램을 적용하는 과정은 노인놀이치료 프로그램의 방향을 이끌어 가는 데 있어 굉장히 중요하다. 프로그램의 주제가 정해지면 노인들의 선호도에 따라 프로그램 활동 영역과 종목을 설정한다.

옛말에 나이가 들수록 오히려 아기가 된다는 말이 있다. 이 말의 의미는 노인들은 신체적, 정신적으로 어린아이와 같은 순수한 마음을 가지는 경우가 많고, 특히 어린아이가 주변의 어른들의 도움을 받으며 살아가는 것처럼 노인들도 주변 사람들의 도움을 받으며 살아가야 하기 때문에 일맥상통하는 면이 있다고 할 수 있다.

여러 학자의 의견에 의하면 놀이의 가치는 다음과 같다. 첫째, 놀이는 정신적으로 긍정적인 도움을 준다. 둘째, 놀이는 정서 발달을 촉진한다. 셋째, 놀이는 지적 발달을 촉진한다. 넷째, 놀이는 사회성 발달을 촉진한다. 다섯째, 놀이는 인격 형성에 영향을 미친다. 여섯째, 놀이는 신체와 운동 발달을 촉진한다.

6. 노인을 위한 놀이치료의 접근

놀이치료에는 정신분석적 놀이치료, 분석적 놀이치료, 인지행동적 놀이치료, 아동 중심 놀이치료 등의 접근방법이 있으며, 다양한 기법이 있다. 또한 음악, 미술, 모래, 게임 등 다양한 도구가 놀이치료에 사용될 수 있으며, 구조화된 놀이치료, 치료놀이, 발달놀이치료, 집단놀이치료 등이 첨가되거나 병행될 수 있다

놀이는 노인들의 신체적·정신적 결함을 자연스럽게 치료할 수 있는 중요한 도구로서, 노인들의 위축된 마음의 상처를 회복시키는 필수적 조건으로 작용하기도 하고 그들에게 삶의 의미를 인식하게 하는 힘을 가져다준다. 놀이는 그 자체 안의

치료적인 요인으로 인하여 노인들이 자신의 무기력한 삶에 가치와 보람을 느낄 수 있도록 도와주기도 한다. 인간의 일과 삶을 영위하는 행위를 좀더 의미 있는 시간으로 만들기 위하여 놀이는 태초부터 현재 우리가 살고 있는 문명기에 이르기까지 항상 문화 현상 속에 함께 있었다. 놀이는 인간의 기초적인 행위이며 모든 문화의 기초이다. 놀이는 사회와 문화와 밀접한 관계를 가지고 있으며, 자발성, 개방성, 활동성 등 인간 차원의 본질적인 동기를 가진다. 이처럼 놀이는 무엇보다도 우리의 삶을 긍정적으로 영위하는 데 필요하다. 특히 노인들에게 있어 놀이를 통한 치료기법은 매우 유용한 효과를 발휘한다.

이렇게 많은 영역에 걸쳐 혜택이 있는 노인놀이치료는 놀이치료를 원하는 인원, 노인의 상태와 장소에 따라 다르게 적용된다. 특히 노인의 상태와 형편에 따라 노인이 처해 있는 장소가 달라질 수 있다. 어떤 노인은 가정에 홀로 거주하고 있을 수도 있고, 어떤 노인은 지역사회 소그룹 여가 공간에 있을 수도 있고, 어떤 노인은 특정 시설(양로원이나 요양병원 등)에 거주하기도 하는데, 이들 중에는 병원의 침대에서 하루 종일 누워만 있는 노인 환자들도 있을 수 있다.

7. 노인놀이치료사의 역할: 코칭과 상담

노인놀이치료에서 놀이치료사는 먼저 치료사로서의 역할을 수행해야 한다. 그러므로 치료활동이 효과적으로 이루어지기 위해서는 치료사가 다양한 역할을 감수해야 한다. 다음은 노인놀이치료사의 다양한 역할에 대해 자세히 기술해 놓은 것이다.

1) 노인놀이치료사의 역할

(1) 놀이상대, 지원자, 신뢰할 수 있는 사람으로서의 역할
무엇보다도 놀이치료사는 치료 회기에 참여하는 노인들과 즐겁게 놀이하는 놀이

상대가 되어 주고 함께 참여하여야 한다. 놀이치료사는 노인들과 함께 그림을 그리고, 가볍게 몸을 움직이고, 손을 잡고 춤을 추는 상대가 되어야 한다. 그리고 놀이치료사는 노인들이 참여하는 놀이에 칭찬을 아끼지 않고 격려하는 지원자의 역할도 해야 한다. 노인들이 놀이에 참여하는 것은 놀이치료사를 신뢰하기 때문이다. 노인들과 놀이치료사 간에 형성된 신뢰관계는 놀이치료의 내용을 더욱 더 풍성하고 의미 있게 만든다.

(2) 안내자, 심리적인 지지자, 보호자, 의사소통자로서의 역할

놀이치료사는 노인들에게 놀이활동에 대해 자세히 설명해 주고 안내해 줄 수 있어야 한다. 놀이치료 시간 동안에 놀이치료사는 노인들에게 정서적인 지지를 해 주고, 노인들의 필요를 눈치 채고(화장실, 목마름, 앉은 위치 변경하기 등등) 혹시나 직면할지도 모를 사고에 대해서도 조심하며 노인들을 보호해 줄 수 있어야 한다. 그리고 놀이치료사는 노인들과 효과적인 의사소통을 할 수 있어야 한다. 노인들이 자신의 생각을 말이나 눈빛, 작은 동작으로 표현하면 그것을 알아챌 수 있어야 하고, 서로 의견을 적절한 말로 이끌어 내고 소통할 수 있어야 한다. 또한 노인들이 생활 속에서 겪고 있는 크고 작은 문제들을 놀이치료 시간에 대화 형식으로 나누며 노인들이 감정을 조절할 수 있도록 도와주어야 한다.

(3) 연출가와 코디네이터로서의 역할

놀이치료사는 노인들이 놀이를 하고자 하는 의욕을 불러일으킬 수 있고, 안심하고 즐길 수 있는 놀이환경을 제공하여야 한다. 적절하게 분위기를 조성하고, 상황에 따라 변화시키고, 놀이도구에 대해서도 잘 알고, 노인이 가지고 있는 병이나 개인적 장애에 도움이 되는 도구들을 선택하여 활용하되 노인의 안전을 반드시 고려해야 한다.

(4) 준비자와 평가자로서의 역할

놀이치료사는 사전에 노인의 개인등록카드 내용을 살펴보고 노인의 기호나 성향을 미리 파악하여 얻은 정보를 근거로 놀이활동을 계획하고 조직하고 평가하는 총체적인 과정을 계획하고 수행해야 한다. 그리고 그에 알맞은 놀이도구들을 준비하고 구체적인 개입 전략을 가지고 노인들의 놀이활동을 지원할 수 있어야 한다. 특별히 노인성 질환을 가지고 있는 노인들의 상태를 수시로 평가하고 관찰/치료노트(노인놀이치료 개인정보 카드, 관찰노트, 향상도 노트)도 작성하여 노인의 진행도를 보호자나 기관의 행정가들, 사회복지사와 의견을 교환하는 역할을 해야 한다. 놀이치료 시간에 관찰한 노인의 행동을 기록해 두었다가 케어과정과 주기적인 계획을 수립할 때 참조할 수 있도록 한다.

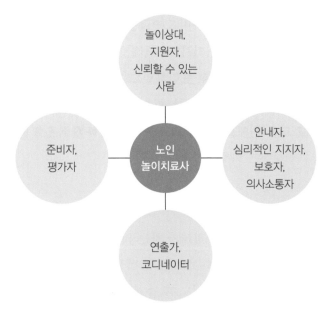

[그림 7-1] 노인놀이치료사의 역할

2) 노인놀이치료사가 주의해야 할 사항과 지침

노인놀이치료사가 주의해야 할 사항과 지침을 살펴보면 다음과 같다.

첫째, 노인의 전반적인 상태를 파악한다. 노인의 신체적 · 인지적 · 정서적인 상태와 개별 노인의 특별히 취약한 점(예: 집중력과 기억력, 시력, 청력의 감퇴)을 고려하여 폭넓고 다양한 프로그램을 제공해야 한다. 이때 주의할 점은 노화로 인한 활동의 장애가 있기 때문에 자신의 무능력을 느낄 수 있는 놀이활동은 삼간다.

둘째, 안전에 유의한다. 참여하는 노인 모두 안전하다고 느끼도록 한다. 특히, 놀이활동을 지도할 때 서두르지 않는 것이 좋다. 그리고 노인의 독립성을 유지하게끔 스스로 할 수 있는 활동은 기다려 주고 스스로 해결할 수 있도록 도와준다.

셋째, 놀이의 즐거움과 재미, 동료애를 느끼도록 밝고 환한 분위기를 만들어야 한다. 무엇보다 노인 자신이 그룹 활동을 받아들이고, 남들에게 관심과 사랑을 받는다는 느낌을 주어야 한다.

넷째, 차근차근하고 친절한 태도로 이해하는 입장에서 지도한다.

3) 노인놀이 상담 및 코칭 실제개입과정

현대인들은 경제적인 활동으로 물질적으로는 여유로운 생활을 하고 있으나 바쁜 현실 속에서 정신적 고립감을 느끼며 생활하고 있다. 노년기에 접어든 노인들은 사회에서의 경제적 생활과 가정에서의 중심 역할이 약화되거나 상실되어 고립감을 더욱 크게 느낀다.

Erick Erikson은 심리사회적 발달단계의 마지막 단계인 '통합성 대 절망' 단계에서 이 시기에 나타나는 위기로는 죽음에 대한 두려움, 자신에 대한 절망과 협오, 자율성의 약화 등으로 어려움을 겪기 때문에 정서적 통합으로 자신의 삶을 받아들이고 지혜를 통하여 자아통합성으로 키워야 한다고 하였다. 따라서 노년기에는 타인에게 자기표현을 통하여 감정적인 공유와 기회를 가져야 하며, 자신의 환경을 극복하고 계속적인 발전으로 긍정적인 삶을 살 수 있도록 하는 것이 필요하다.

노인들에게 긍정적이고 적극적인 삶을 살아갈 수 있도록 하기 위해서는 노년기의 목표인 자아통합성의 기회를 제공해야 한다. 따라서 점차 상실감이 증가되는 노인들이 전문적으로 훈련을 받은 상담사와의 만남을 통하여 감각·지각 기능의 변화, 정신 기능의 변화 및 다양한 어려움을 해결하여 심리적 문제를 감소시키고, 성공적인 자아통합으로 삶을 영위할 수 있도록 미술치료사와 놀이치료사 같은 노인 전문상담사의 개입이 필요하다.

(1) 준비과정

- 상담자·코치는 시작하기 전에 놀이의 주제와 목적, 참가 인원수, 성별, 연령층, 수준, 모임 장소(실내, 실외, 크기 등), 시간, 모임의 성격, 날씨 등을 종합적으로 검토하여 모임을 세심하게 준비해 둔다.
- 놀이장소는 사전에 답사해 두는 것이 원칙이다.
- 단위 프로그램과 순서가 결정되면 준비물, 소품을 준비하고 놀이를 도와줄 부상담자·코치를 선정한다.
- 필요한 놀이도구들도 미리 확인하여 두고, 만약의 경우를 대비해서 여분의 도구를 준비해 둔다.
- 놀이장소에 미리 도착한 사람들을 위한 프로그램도 준비해 두는 것이 도움이 된다.

(2) 진행과정

- 상담자·코치는 모든 참가자가 쉽게 볼 수 있는 편안한 장소에 위치하도록 하며, 원 대형인 경우에는 원 중앙에 서지 않도록 한다.
- 놀이는 참가자들의 수준과 규모에 맞아야 하며, 처음에는 누구나 쉽게 즐길 수 있는 간단하면서도 효과적인 놀이를 선택한다. 상담자·코치는 참가자들이 자발적으로 참여하여 즐길 수 있도록 동기를 부여하고 상호 의미 있는 인간관계

가 이루어질 수 있도록 촉진한다.

- 동적 · 정적인 놀이활동을 적절히 혼합하여 참가자들이 쉽게 피로를 느끼는 일이 없도록 한다.
- 상담자 · 코치는 놀이의 성격과 진행방법을 완전히 숙지하고 있어야 한다.
- 상담자 · 코치는 놀이의 규칙을 간결, 명확하게 설명하도록 하고, 직접 시범을 보이는 것이 놀이의 시작 시간과 마치는 시간을 정확히 제시하고 지키도록 유도한다.
- 분위기가 절정에 이르렀다고 판단될 때, 즉시 다음 놀이를 준비한다.
- 무엇보다 상담자 · 코치 자신이 놀이에 참여하여 몰입하는 것이 중요하다.
- 상담자 · 코치는 항상 미소를 짓는 모습을 보이고 존중하고 긍정적이고 격려하는 자세로 참가자들을 대한다.
- 비상시를 대비하여 여분의 놀이와 우천 시를 대비하여 여분의 놀잇감들을 준비해 둔다.
- 참가자들이 지루함을 느끼기 시작하면 이미 마감 시간을 놓친 것이다. 아쉬움이 남을 때 미련 없이 모임을 마감할 필요가 있다.

4) 놀이치료 진행과정

다음은 각 영역별 놀이치료에 관한 프로그램 내용에 관한 설명이다.

(1) 접수상담

놀이치료 진행 시 가장 먼저 내담자와의 면담을 통해 가족관계, 생육사, 행동 특성 및 문제점, 다른 기관에 다닌 경험, 장애의 진단명과 정도, 친구관계, 학교생활 등을 관찰하고 진단 · 평가한다. 각종 문제나 치료 계획의 수립을 위해서 발달평가, 심리검사, 진단적 놀이평가 등을 통해 현재의 수준을 파악하고 구체적인 치료 계획을 세운다.

(2) 초기과정

① 첫 시간

서로를 소개하고 탐색하며 일시적으로 수용하는 단계이다. 첫 번째 놀이치료 시간을 통해 앞으로 진행될 치료적 관계를 맺는 초석이 된다. 그러나 이 시간은 치료자와 내담자 간에 서로를 탐색하는 시간이므로 지나치게 개인적인 질문이나 황당한 제안 그리고 주관적인 해석 등은 피해야 한다. 또한 놀이치료의 제한시간에 대해 간단하게 알려 주어야 한다.

② 초기단계

놀이치료의 경험은 치료의 승패에 중요한 영향을 미친다. 이 초기과정은 치료사와 친숙한 관계를 맺어 가는 과정으로, 놀이치료실과 치료자에 대해 탐색하는 단계이다. 그러므로 이 단계에는 내담자와의 라포를 형성하고 신뢰관계를 구축하기 위해 서로 노력을 기울여야 하는 시기이다. 치료사는 수용적인 태도로 내담자의 감정을 반영해 주고 동기를 부여해 주며 주관적인 해석은 하지 않는 단계이다.

③ 중기과정

놀이치료가 계속되면서 치료사와 내담자는 점차 친밀한 관계를 맺게 되며 신뢰감이 형성된다. 내담자에게 놀이치료실은 자기만의 공간이며 치료사는 자기를 위한 존재라는 인식이 들면서 부정적인 감정이 자연스럽게 나타나기 시작한다. 중기과정 동안 내담자는 부정적인 반응을 보이는데, 이 시기를 어떻게 넘기느냐에 따라 치료의 성패가 좌우된다. 이때는 내담자가 자아존중감을 형성하기 위한 통찰력을 갖도록 도와주고 성취감을 느낄 수 있는 기회를 갖도록 치료를 계획하여야 한다. 상담 중기는 상담의 대부분을 차지하는 긴 과정이다.

④ 말기과정

이 단계가 되면 내담자는 자신의 문제를 있는 그대로 수용하고 자신의 장점을 존중하며 자아존중감이 향상되어 적극적으로 현실에 대처하는 모습을 보인다. 이때 종료를 위해 사전에 계획하여야 하며 내담자와 합의하는 과정도 필요하다.

⑤ 종료과정

상담을 언제 종료해야 하는가를 아는 것은 쉽지 않지만 대부분 접수 당시에 세운 목표가 달성되었을 때 종료를 하게 된다. 그러나 상담의 필요성은 내담자의 욕구가 제일 중요하므로 상담자가 보기에 충분하다고 보아도 내담자가 종료를 받아들이지 못한다면 다시 탐색해 보아야 한다.

5) 노인놀이 상담 · 코칭 모형

성장과 치유를 위한 노인놀이 상담 · 코칭 모형은 다음과 같은 가정 하에서 제시된다. 첫째, 사람은 늙어 가는 것이 아니라 좋은 포도주처럼 세월이 가면 익어 가도록 노인다움을 발현할 수 있는 노화를 지원하는 것이 필요하다. 둘째, 노년기는 인생의 황금 시기로 보상, 존경, 가치, 지혜를 의미하며, 행복한 노화는 나이 들어감을 하나의 성취와 성장의 시간으로 간주한다(주용국, 2009; Laz, 1998).

놀이상담 및 코칭사는 상담 · 코칭 전에 자신의 노인에 대한 관점을 검토해서 상담 · 코칭 과정과 결과에 미칠 영향을 판단하고, 대상 노인들에게 적절한지를 판단하여 노인의 문제나 개선 방향, 기회를 진단하는 것이 필요하다. 특히 변화의 설계에 있어서도 노인의 욕구(성장 또는 치료)나 노인의 준비도, 행복한 노화 요인에 근거하여 노인의 요구를 재검토해서 누락되었거나 보완해야 할 요인이 없는지를 노인과 함께 판단하는 것이 필요하다.

놀이 상담 및 교육의 목적은 Maderer와 Skiba(2006)가 제시한 세 가지 목적(개인 중심 목적, 동료 중심 목적, 문제 중심 목적)과 노인의 특성(전기 노인, 후기 노인)에 맞추어 설정할 수 있다.

- 개인 중심 목적의 예로는 전기 노인(또는 제3연령기 노인)을 대상으로 정신적 능력과 신체적 능력의 개선, 독립적 행동의 증가, 취미와 관심사의 개발 등이다. 후기 노인(또는 제4연령기 노인)에게는 삶의 만족감과 신체적 능력과 정신적 능력의 보존, 독립적 행동의 보존과 자신의 취미를 삶의 조건을 충족시키는 것 등이다.
- 동료 중심 목적의 예로는 전기 노인에게는 사회적 상황에의 참여와 타인에 대한 책무성 갖기, 사회적 상황에서 타인의 역할 수행 지원 등이다. 후기 노인에게는 사회적 상황에 관심 가지기, 타인을 인식하기, 대화 상대자를 찾기, 사회적 상황을 수용하기 등이다.
- 문제 중심 목적의 예로는 전기 노인에게는 새로운 사물과 상황에 직면하여 변화를 극복하도록 도와주고, 성찰에 기초하여 자신의 삶의 목적과 초월적 자아를 추구하는 것 등이다. 후기 노인에게는 생물과 무생물을 구분하기, 개인적으로 소중한 사물을 고치기, 다양한 사물을 구분하기와 사물의 적절한 용도를 배우는 것 등이다.

노인놀이 프로그램의 변화 설계와 전략 선택과정에서 노인놀이 상담 및 코칭은 기본적으로 복지(care)가 수반되어야 하므로 사회문화의 특성을 반영하고, 사회적 복지지원체제와 가족지원체제를 활용할 수 있는 최적의 변화 전략을 개발하고 실행하는 것이 필요하다. 상담 및 결과는 노화의 전반적 내용을 다루는 프로그램은 행복한 노화에 어느 정도 접근했는가에 의해 결과를 평가하고, 노인의 개별 욕구에 맞춘 경우에는 그 결과를 평가하는 프로세스이다.

놀이 상담 및 코칭의 프로세스는 상담전문가나 교육자, 사회복지사, 호스피스 등 다양한 상담·교육자들이 많은 상담코칭 기법이나 이론을 습득하지 않아도 효율적으로 활용하여 노인의 심리적·신체적 문제 및 개선과 기회의 진단, 변화의 계획 설계, 최적의 변화 설계단계, 실행단계, 평가단계 그리고 각 단계의 적절성에 대한 메타평가단계로 구성되어 있다.

놀이상담 및 코칭의 프로세스에서는 다음과 같은 요소를 고려해야 한다.
진단단계에서는 노인들이 기존의 생각이나 가치를 뛰어넘어 노년기에 가능한 변화를 추구하도록 노인으로 하여금 과거를 되돌아보고, 통찰을 통해 미래의 가능성을 숙고하고 구현할 수 있도록 노인의 문제, 개선, 기회를 진단하여야 한다(Moody, Pianzola, Pianzola, 1995).

(1) 변화 전략 설계단계
변화 전략 설계단계는 다음과 같다.

① 목표 정하기
상담·코칭의 목적과 목표는 노인들에게 변화를 위한 계획과 새로운 상황에의 적응, 노령에 따른 예기치 못한 변화에의 극복을 지원할 수 있는 도구적 목표와 더불어 자아인식과 개인적 충실감을 강화할 수 있는 내면 성찰의 목표를 반영해야 한다(Schuetz, 1982).

② 프로세스 만들기
상담·코칭의 목적, 목표, 프로그램 과정, 상담·코칭의 형태와 활동에 대해서는 성인의 경우처럼 참여적 의사결정을 하는 것이 아니라, 상담자·코치의 승인에 의하여 자신의 목표와 프로그램을 설계하고 상담자·코치가 프로그램을 설계하고 노인들로부터 피드백과 정보를 받아 수정하는 프로세스가 필요하다. 상담자·코치의 지시가 필요한 것은 노인들이 자신의 욕구와 능력에 맞는 적절한 프로그램을 설계하기 위한 교육적 배경과 실제적 지식이 부족한 경우가 많기 때문이다(Schuetz, 1982).

③ 대상별 코칭방법 설계하기

성인 대상의 상담·교육이 경력 지향인데 반하여, 노인 대상은 개인의 변화와 삶의 충실화를 기하는 경우가 많다. 또한 전기 노인과 후기 노인의 특성이 다르므로 대상별로 신체적·심리적 강약점과 진단결과, 개별 노인의 특성을 반영한 목표와 목적을 수립하여 상담·코칭 방법이 설계되어야 한다(Schuetz, 1982).

④ 심리적·생리적·공간적 지원 활성화하기

후기 노인의 경우 대부분의 시간을 시설(예: 노인병원, 요양원)에서 보내는 경우가 많은데, 시설의 구조가 거주자에게 자유를 제공하고, 감정적 영역을 자극하며, 심리적·생리적·공간적 자원을 활성화시킬 수 있도록 구비되었는지를 판단해야 한다. 특히 시설 근무자는 노인 거주자를 지배한다는 인식을 주어서는 안 되며 지지한다는 인식을 심어 주어야 한다. 이를 위해서는 거주자에게 영향을 줄 수 있는 중대 사안에 대해서 거주자를 의사결정에 참여시켜야 한다. 또한 삶의 공간을 풍부하게 조성하기 위하여 반려동물을 키울 수 있도록 배려하여 다른 생명체에 대한 책임감과 자신감을 강화시키는 것이 필요하다. 반려동물 키우기, 정원 가꾸기와 식물 키우기를 통한 치료도 감각과 창의성을 자극할 수 있다(Marderer & Skiba, 2006).

최적의 변화 전략 선택단계에서는 변화 전략이 무엇보다도 행복한 노화를 효율적이고 효과적으로 이끌어 낼 수 있는지를 판단해야 한다.

개인 성장에 도움을 주는지, 의존에서 독립적으로 살아갈 수 있도록 지원하는지, 자신의 삶을 스스로 살아갈 수 있도록 지원하며 자신에게 영향을 줄 수 있는 변화에 대해서 스스로 결정할 수 있는 자기결정권을 갖도록 지원하는지, 개인의 법적 권리가 보호되는지, 자신감을 유지하고 육성할 수 있는지, 노화에 따른 변화를 극복할 수 있는지 등의 요소를 고려하여 최적의 프로그램을 선택해야 한다(Maderer & Skiba, 2006).

(2) 실행단계

노인의 인지적·신체적 상태를 고려해야 한다. 상담·코칭 프로세스에서는 노인이 기억하고 주의를 기울여야 하는 일을 최소화하기 위한 노력이 필요하다. 이를 위해서 다양한 방법으로 지식과 정보를 제공하되 지식과 정보는 간단하게 제시하며, 강의나 대화의 속도를 늦추어 진행한다.

노인이 자기주도적 수행 역량을 갖춘 경우에는 개별 상담·코칭의 경우 노인 스스로가 상담·코칭 프로세스의 속도를 조절하여 실행하며, 상담자·코치는 촉진자로서의 역할을 하고, 역량이 부족한 노인의 경우에는 상담자·코치가 주도적으로 전체 실행과정을 이끌어 간다.

상담·코칭 실행과정에서 필요한 경우에는 가족 구성원을 관여시킨다(최광현, 2007). 이는 가족을 통하여 상담·코칭, 돌봄과 치료도 지원받아 궁극에 가서는 노인들로 하여금 자기 문제를 잘 처리해 나가고 주어진 기회를 잘 살려나가도록 도울 수 있기(Scogin, 2008) 때문이다.

노인은 개인이 살아온 배경과 경험이 다름에 따라 동일한 사건에 대한 해석과 변화 전략도 다양하게 접근한다(Maderer & Skiba, 2006). 노인의 생애에 걸친 개인적 경험과 배경은 변화 전략을 설정하고 추진하는 데 중요한 자원일 뿐 아니라 중대한 장애요인으로 작용하는 경우가 있다. 따라서 개인의 변화를 추진하는 과정에서 적절하게 경험을 잊게 하거나(unlearn) 새로운 지식과 정보에 맞추어 경험을 수정하도록 지원하는 것이 필요하다.

08 ●━━━━━━━━━━━━━━━━━━━━━━━
영역별
놀이치료

1. 미술영역

미술치료는 영어로 'art therapy'라고 쓴다. 'art therapy'라 하면 대개 미술치료를 말하며, 예술치료를 일컫는 경우에는 'arts therapy'라고 쓴다. 미술치료는 전문적으로 훈련을 받은 치료사가 다양한 미술활동(조형활동)을 통해서 환자가 가지고 있는 문제들을 해결해 나가는 체계적인 활동이다. 특히 미술치료는 언어적 표현능력이 부족한 아동이나 청소년의 심리적 문제를 이해하고 치료하는 데 적합하다고 할 수 있다. 뿐만 아니라 성인의 경우에는 심리적 갈등과 아픔을 치유하거나 미래에 대한 자신의 소망을 표현하는 데 중요한 역할을 한다.

미술치료의 궁극적인 목적은 심신의 어려움을 겪고 있는 사람들을 대상으로 하여 그림이나 조소, 디자인 기법 등과 같은 미술활동을 통해서 심리를 진단하고 치료하는 데 있다. 즉, 미술치료의 본질은 미술을 매개체로 환자를 치료하는 것이다. 이러한 미술치료 접근방법은 미술을 중시하는 입장과 치료를 중시하는 입장으로 구별된다. 미술을 중시하는 입장은 미술활동의 직접적인 치료효과를 강조하는 입장으로서, 예술을 창조하는 행위 그 자체가 치료적이라고 보는 것이다. 대표적인 학자로는 Edith Kramer가 있다. 두 번째로 치료를 중시하는 입장은 치료를 위한 미술활동의 수단, 즉 간접적인 효과를 강조하는 입장으로서 미술작품을 치료자와 내담자 사이에서 전달된 상징적 회화라고 보는 입장이다. 대표적인 학자로는 Margaret Naumberg가 있다.

심리적인 문제를 가지고 있는 내담자에게 일반적인 대화의 방식으로 접근하는 것이 어려울 때가 있다. 이때 내담자의 내면의 아픔이나 그 세계를 이해하는 데 많은 어려움을 겪는다. 다른 활동보다도 미술활동은 자연스럽게 내담자의 마음을 표현하게 하며 내담자의 무의식을 표현하고 탐구하며 치유를 도와준다. 특히 나이 듦을 경험하는 노인들은 자신이 늙어 간다는 심리적 감정으로 인해 자신의 생각이나 감정을 언어로 표현하지 못하고 숨기는 경우가 많다. 이러한 경우 미술활동을 통해 자신을 표현하는 행위는 노인들에게 매우 중요한 역할을 한다. 노인을 위한 미술활동은 그들의 마음 속 의사표현과 동시에 세상을 향한 소통의 수단 역할을 한다.

내담자들은 미술치료를 통하여 자신의 마음 속 고독감과 세상으로부터의 소외감 등에 대한 심리적 위안을 얻게 된다. 이와 동시에 해결되지 않은 갈등의 문제 해결을 위해 새로운 각도에서 새로운 방법을 시도해 나간다. 또한 미술활동을 통해 자신과 타인의 의견을 수용하는 법도 배워 나간다.

노인미술치료는 노인들에게 지난 시절을 기억하게 하고, 그로 인한 즐거움을 느끼게 한다. 특히 다양한 미술활동으로 인해 자신의 지나온 삶을 회상하거나 살아가면서 느꼈던 긍정적 체험이나 주변 사람들과의 관계 그리고 자신의 남은 삶에 대한 긍정적 생각들을 미술치료를 통해 해결하게 해 준다. 특히 이러한 활동들은 노인들의 주된 문제인 세상으로부터 소외당했다는 외로움과 질병 그리고 죽음에 대한 공포 등에서 벗어나게 하여 새로운 삶을 향한 활기를 되찾게 하고, 심리적 안정감을 가질 수 있도록 한다.

표 8-1   **미술치료 활동 프로그램**

활동명	오물조물 예쁘게 만들어요	
활동영역	미술작업영역	
활동시간	50분	
활동목표	• 손의 촉감을 자극하여 오감의 능력을 향상시킨다. • 찰흙으로 주무르기를 통해 어린 시절을 회상하게 하여 기억력을 향상시킨다. • 타인과의 공감능력을 향상시킨다.	
준비물	찰흙, 신문지, 각종 미술도구	
활동방법	도입	• 인사 나누기를 한다. • 퀴즈를 통해 오늘 어떤 활동을 할 것인지를 질문한다. • 찰흙을 주고 만지면서 느끼는 감촉을 설명하게 한다.
	전개	• 찰흙을 동글동글 굴리며 둥글게 만들어 본다. • 다른 모양도 만들어 보게 한다. • 일회용 접시에 각자가 만든 찰흙 모양들을 담는다.
	마무리	자신이 만든 것을 소개하는 시간을 갖는다.
대안활동	• 색종이 접기 • 사포 위에 쓱쓱 싹싹 그리기 • 컵 위에 공 쌓기 • 스피드 게임 • 부채에 그림 그리기 • 손바닥을 그린 후 오려서 모양 만들기	

표 8-2 미술매체와 다양한 기법

매체	기법	표현 가능성
종이류	손으로 찢기	종이의 종류나 색의 성질을 살린 자유로운 표현 가능
	가위로 오리기	반듯하고 깨끗한 느낌 구성하기
	접기	크기가 작아지고 튼튼해짐
	구겨서 찢기	입체적인 느낌
	둥글게 구부르기	부드러우며 입체감이 생김
	무늬짜기	단단해지고 무늬와 색의 조화가 아름다움
	구멍내기	입체적인 느낌과 공간감을 느낌
크레파스	녹이기	열에 녹는 성질을 이용해 크레파스 조각을 다림질한 후 혼색된 표현에 덧붙여 그리기
	색칠하기	진하고 흐린 표현이 가능
물감	크레파스, 양초와 함께	배수효과로 비밀 그림 그리기
	화선지와 함께	흡수 성질을 이용한 흥미로운 표현이 가능
	찰흙과 함께	찰흙 작품에 색칠하여 아름다움 느끼기
파스텔	문지르기	문질러서 표현함으로써 은은히 퍼지는 효과
	색칠하기	다른 색과의 혼색 가능
은박지	구겨서 그리기	자유롭게 구긴 다음 펼쳐서 음영이 있는 입체적인 면 위에 그리기
	다른 재료와 함께	가볍고 잘 접히는 성질을 이용, 작은 공이나 종이 상자를 싸서 독특한 효과를 느끼기
찰흙	제작방법에 따른 기법	쥔다 → 뭉친다 → 짓누른다 → 두들긴다 쥔다 → 뭉친다 → 굴리거나 비빈다 → 더 강하게 굴리거나 비빈다 쥔다 → 대 위에서 두들긴다
	재료 성질에 따른 기법	구부린다, 만다, 접는다, 비튼다, 떠낸다, 붙인다, 빚는다, 두들긴다, 끊는다, 뜯는다, 긁어낸다, 깎아 낸다, 구멍을 뚫는다, 선을 그어 넘는다, 꽂는다, 눌러 흔적을 낸다

종이 상자	쌓기	크기가 다른 상자끼리 쌓아서 구성하기
	다른 재료와 함께	다른 재료를 덧붙여 표현하기
선재 (철사 모루, 끈 종류)	자르기	선재의 특성을 살려 자유롭게 표현하기
	구부리기	입체적으로 표현하기
	말기	선재의 종류에 따라 촉감에 변화 주기
	뭉치기	

출처: 박진이(1999).

표 8-3 **표현방법 및 매체**

표현	표현방법	매체
프로타주	표면이 우둘투둘한 물체에 얇은 종이를 대고, 크레파스, 색연필 등으로 문지른다.	얇은 종이, 크레파스, 색연필
데칼코마니	도화지를 반으로 접어 그 사이에 물감을 짜 넣고 다시 접은 다음 펴면 양쪽이 같은 그림이 된다.	도화지, 그림물감
모자이크	그림을 그린 다음 종이, 나무, 금속, 유리 등을 비슷한 크기로 잘라 붙여서 완성한다.	각종 재료, 도화지
핑거페인팅	풀에 물감을 섞어서 넓은 도화지에 쏟은 다음 손가락으로 그림을 그린다.	도화지, 풀물감
스크래치	도화지에 크레파스로 이중으로 색을 칠한 다음 윗부분을 긁어내면서 그린다.	크레파스, 도화지, 뾰족한 물건
배수 그림	크레파스 등으로 그림을 그린 다음 그 위에 그림물감으로 색칠하여 무늬나 그림을 얻는다.	크레파스, 그림물감
물방울 떨어뜨리기	여러 가지 색의 물감을 붓이나 스포이트로 물방울을 만들어 도화지에 자유롭게 떨어뜨려 무늬나 그림을 만든다.	그림물감, 붓, 스포이트
스탬핑	연근, 동전, 고무, 나무 등 무늬 있는 물건에 물감을 묻히거나 찍어서 효과를 낸다.	무늬 있는 물체, 그림물감, 스탬프
입김무늬	물감을 떨어뜨린 다음 입김으로 불어서 자유로운 무늬를 만든다.	그림물감, 잉크, 먹물
염색하기	창호지, 헝겊 등을 접거나 오려서 염색한다.	창호지, 헝겊, 염색물감

모래그림	도화지에 풀로 그림을 그린 다음 그 위에 모래를 뿌리거나 모래를 붙인다.	풀, 모래
먹그림	먹물을 붓거나 손가락으로 찍어 그린다.	먹물, 붓
물에 번지는 그림	도화지에 물을 흠뻑 먹인 다음 여러 가지 색의 물감이나 사인펜으로 그려서 번지게 한다.	그림물감, 대야, 붓
붓 자국 그림	물감을 되게 하여 물을 꼭 짠 붓에 살짝 묻혀 붓 자국이 나게 그린다.	붓, 그림물감
구겨서 그리기	종이를 구겼다 편 다음 그 위에 그림을 그리거나 스프레이로 그린다.	종이, 스프레이
입체표현 (1)	주무르고 뭉치는 등의 촉각적인 표현이 가능하며, 변화를 주면서 의미 있는 표현을 할 수 있다. 성냥개비나 이쑤시개 등을 꽂아 다양한 표현이 가능하다.	흙, 성냥개비, 이쑤시개
입체표현 (2)	쌓거나 붙여서 표현함으로써 입체 구성이 가능하고 새로운 아이디어 개발로 흥미로운 표현을 할 수 있다.	종이 상자, 접착제
입체표현 (3)	봉투에 구멍을 뚫어 가면을 만들 수 있다. 색종이, 실 등을 붙이거나 그림을 그려서 재미있는 표현을 할 수 있다.	서류봉투, 색종이, 실, 가위

출처: 박진이(1999).

표 8-4 매체의 종류

매체의 분류		종류
화지		한지, 습자지, 색종이, 도화지, 골판지, 하드보드지, 셀로판지, 신문지, 화장지, 선물 포장지, 모조지, 와트만지 등
2차원 매체	건조 매체	연필, 색연필, 목탄, 콩테, 크레용, 크레파스, 분필, 사인펜 등
	습식 매체	수채화 물감, 아크릴 물감, 유화 물감, 먹물 등
3차원 매체	건조 매체	지끈, 모루, 빵끈, 노끈 철사 등
	습식 매체	점토, 찰흙, 풀물감, 마스크 등
도구		붓, 풀 종류(딱풀, 물풀 등), 접착제, 테이프, 지우개, 가위류, 이젤 등

2. 음악영역

음악치료는 음악이라는 매개체를 사용하여 사람의 신체와 그들의 정신기능을 강화함으로써 삶의 질을 향상시키고, 그로 인해 행동의 변화를 가져오게 하는데 의의가 있다. 이러한 음악치료에서는 행동의 변화를 치료과정을 통해 적용한다. 이러한 적용은 개인 또는 집단 어느 분야에서도 가능하다. 음악이라는 도구를 사용함으로써 신체적 · 사회적 · 인지적 기능에 많은 영향을 끼치는데, 특히 멜로디, 하모니, 음색의 세 가지를 갖추고 있다. 음악은 소리의 예술이라 할 수 있으며, 정신적 · 신체적 문제를 가진 남녀노소 모두에게 도움을 준다. 음악은 신체적, 정신적, 정서적인 면에서 치료적 요인으로 관계를 이룬다고 할 수 있다.

현대 사회에서는 이러한 음악치료의 의미를 통해 많은 변화가 발생하고 있다. 그러나 내담자들에게 단순히 음악을 들려 준다고 해서 그 자체를 음악치료라고 할 수는 없다. 좀더 세부적인 의미로 음악치료를 정의하자면 특정한 자격이 있는 음악치료사가 여러 문제를 가진 내담자의 심리적, 신체적, 인지적 또는 사회적 기능에 긍정적인 변화를 유발할 수 있도록 음악이라는 매개체를 계획적이고, 체계적으로 사용하는 치료방법이다.

내담자들은 이러한 다양한 음악적 경험을 통하여 행동의 변화로 정서적 안정을 찾고 긍정적인 성장과 발달을 하고 더 나아가 자아실현을 할 수 있다. 음악치료가 치료를 위한 전문 분야로 자리 잡기 시작한 것은 제2차 세계대전으로 인해 미국의 경우 많은 부상 군인이 생겨나게 되었고, 정신적 충격을 경험한 환자들을 돕기 위해 음악가들이 병원에서 음악을 연주하게 되면서 시작되었다. 이때 음악을 듣던 전쟁 부상자들이 그렇지 않은 환자에 비해 신체적 · 감정적 반응이 뛰어남을 알게 되었고, 긍정적 결과를 나타내게 되었다. 그 결과, 음악을 매개로 한 음악치료적 효과가 새롭게 인식되기 시작하면서 병원에서는 전문적 음악가들을 고용하여 환자에 대한 이해나 음악의 치료적 적용을 하였다. 이후 음악전문가에 대한 사회적 필요가 대두

되면서 음악치료사를 양성하기 위해 학부와 대학원에 학과를 개설하게 되었다. 그 이후 미국과 영국, 독일 등 여러 나라에서 음악치료를 발전시켰다. 또한 세계 최초의 음악치료 교육과정은 1944년 미시간 주립대학에서 생겨났다. 학자들이 내린 음악치료에 관한 정의는 약간씩 다르지만 다음의 다섯 가지 요소가 갖추어져야 한다.

첫째, 내담자를 위한 치료계획이 설정되어야 하고, 둘째, 어떤 형태이든 음악이나 음악활동이 있어야 하며, 셋째, 자격요건을 갖춘 음악치료사에 의해 실시되어야 하고, 넷째, 치료를 받는 환자나 내담자가 있어야 하며, 다섯째, 이러한 과정들은 치료적인 목적이 분명하게 설정되어야 한다. 사람의 몸(신체)과 마음(정신)은 하나로 통합되어 있다. 음악치료는 사람에게 내재되어 있는 음악적 능력과 심신의 상관관계를 바탕으로 전문적으로 훈련받은 치료사가 내담자에게 적합한 음악활동을 제공하여 긍정적 변화와 발달을 돕는 체계적이고 역동적인 심리치료의 과정으로, 음악치료는 음악을 매개로 하는 심리치료의 한 방법이다.

미국의 음악치료사 Bruscia(2006)는 "음악치료는 전문치료사가 음악적 경험을 매개로 하여 환자와의 역동적인 관계를 형성하고, 환자의 음악 외적 변화를 이끌어 내는 체계적인 치료과정"이라고 설명하였다. 그리고 미국음악치료협회(2012)에서는 음악치료를 "치료적인 목적을 가지고 환자들의 정신과 신체 건강을 복원 및 유지, 향상시키기 위해 음악을 사용하는 것"으로 정의하였다. 하지만 음악을 어떻게 정의하는지 또한 치료를 어떻게 정의하는지에 따라 음악치료에서 음악을 매개로 하는 치료적 적용은 달라질 수 있다. 일반적으로 사람은 음악과의 만남을 통해 다양한 감정의 변화를 경험하고, 말로 표현하기 힘든 사랑, 슬픔, 기쁨, 분노, 좌절 등의 정서를 음악을 통해 표현하기도 하며, 함께 음악을 감상하거나 연주하는 것을 통해 언어적 표현이 없이도 그 이상의 교감과 일체감을 공유하기도 한다. 따라서 음악치료란 이러한 음악이 갖고 있는 힘을 체계적으로 이용하여 내담자(환자)의 특성에 맞게 적용시켜 내담자의 내면에 갖고 있는 불안과 갈등을 해결하며, 바람직한 행동의 변화와 안정된 발달 및 적응을 돕는 활동이라고 할 수 있다. 사람에게는 누구나 음악을 수용하는 능력이 있으므로 치료를 거부 또는 저항하는 사람들에게도 음악치료활동을 통해 안전하고 긍정적인 치료환경을 마련할 수 있다는 장점이 있다. 이러한 음악치료의 접근방법으로는 치료이론의 배경에 따라 정신분석 음악치료, 인본주의 음악치료, 행동주의 음악치료 등으로 구분하며, 음악 감상, 악기 연주(즉흥 연주), 작곡(노래 만들기), 노래 부르기 등이 이에 속한다.

이처럼 음악영역은 치료적인 목적 이외에도 남녀노소 누구에게나 정신건강과 신체건강을 복원하고 유지시켜 주며 더 좋은 방향으로 향상시키는 역할을 한다.

음악은 내담자들에게 있어서 과거를 회상하게 하고 현재의 고통을 최대한 감소시키는 기능을 함으로써 정신적인 회복을 하게 한다. 특히 노래를 부르거나 음악을 통한 활동을 경험하게 되면 쌓여 있던 우울한 감정이 표출되어 기분이 전환되기도 한다. 다양한 음악활동을 통해 새로운 삶의 활력을 얻게 되고, 더 나아가 아름답고 건강한 삶을 만들어 갈 수 있다. 따라서 음악치료는 음악을 매개로 사용하여 정서적·사회적·신체적 건강을 증진시키는 형태로, 음악활동을 통해 내담자의 내면의 세계에 관련하여 그들의 문제행동이 구체적인 방향을 가진 바람직한 행동으로 변할 수 있도록 돕는 음악과 치료의 한 분야라고 할 수 있다.

음악은 남녀노소 누구에게나 음악을 통해 서로 간의 의사소통, 대인관계, 적절한 스트레스 해소 등에 있어서 어려움을 표현하게 한다. 따라서 음악적인 요소를 통해 긍정적인 변화를 이끌어 낼 수 있는 부분에 초점을 두어 프로그램을 계획하여 어려움에 대한 도움을 줄 수 있어야 한다.

표 8-5	음악 활동 프로그램		
활동명	당신은 누구십니까?		
활동목표	• 구성원에게 자신을 소개하며 자존감을 향상시킨다. • 노래로 자신을 표현함으로써 타인과 교감할 수 있다 • 의사소통능력을 향상시킨다.		
기대영역	음악영역(정서영역)		
활동시간	50분		
준비물	명찰, 다양한 악기, 수업에 필요한 자료들		
활동 방법	도입	• 풍선이나 공을 가진 사람이 자기 소개하기(노래나 율동으로) • 둥글게 앉아서 옆 친구와 인사 나누기 • 자신의 차례가 오면 풍선이나 공을 가지게 하기	
	전개	• 〈당신은 누구십니까?〉 노래에 맞추어 자신을 소개한다. • 다른 사람이 소개할 때 박수를 쳐 준다. • 순서가 다 끝낼 때까지 노래를 부르거나 박수를 친다.	
	마무리	• 다른 노래 부르기로 응용해 본다.	
대안활동	• 다른 여러 종류의 노래에 맞추어 자신을 소개한다. • 풍선이나 공 이외에 다른 종류의 매체를 사용한다. 1. 페트병에 곡물을 각각 다른 종류로 넣고 음악에 맞추어 노래나 율동을 한다. 2. 곡물병 흔들기 응용-커피 컵(테이크아웃)		
활동사진			

3. 언어 · 문학 영역

독서치료 또는 문학치료란 말의 어원은 'biblion(도서, 문학)'과 'therapeia(도움이 되다, 의학적으로 돕다, 병을 고쳐 주다)'라는 그리스어에서 유래되었다. 이것은 문학이 치료적인 특성을 가졌다는 것을 보여 주는 것으로서, 독서치료의 정의는 책을 읽음으로써 치료가 되고 도움을 받는다는 것이다. 일반적으로 발달적 혹은 특정하고 심각한 문제를 가지고 있는 내담자가 다양한 문학 작품을 매개로 하여 치료자와 일대일이나 집단으로 토론, 글쓰기, 그림그리기, 역할극 등의 여러 가지 방법의 상호작용을 통해서 자신의 적응과 성장 및 당면한 문제를 해결하는 데 도움을 얻는 것을 뜻하는 것으로 해석할 수 있다. 다양한 문학 작품에는 인쇄된 글, 영화, 비디오 같은 시청각 자료, 자신의 일기 등 글쓰기 작품들이 포함될 수 있다. 이러한 독서치료는 문학의 치유적 힘을 활용하여 마음을 어루만져 주는 심리상담 기법이다.

언어 · 문학 영역은 노인놀이치료를 좀더 의미 있는 시간으로 만들어 주기도 하고, 때로는 이러한 언어영역을 통해 자신들이 지금까지 경험해 보지 못했던 부분들을 경험하기도 한다. 이 영역은 주로 동화나 동시 감상하기 또는 전래 동요 부르기나 역할극 해 보기 또는 다양한 책 읽기 등을 통해 경험한다. 이러한 활동들은 노년기에 우울하고 무기력한 노인들의 기분을 전환시키며 색다른 즐거움을 가져다주기도 하고 그들에게 잠재되어 있는 또 다른 상상력을 자극하기도 한다. 대부분 억눌린 생활 속에서 힘들게 살아오면서 지금까지 경험해 보지 못한 언어적 활동들을 통해 자신의 생각을 자유롭게 표현해 봄으로써 카타르시스를 경험한다. 그리고 동화를 꾸며 보거나 시를 적어 보고 또 역할극 등을 해 봄으로써 자존감이 향상되거나 무언가를 할 수 있다는 용기를 가지기도 한다. 특히 역할극을 통해 이야기 속에 등장하는 인물들을 간접적으로나마 경험해 봄으로써 자신의 문제를 좀더 객관적으로 받아들이게 된다. 그러나 언어 · 문학 영역은 구성원인 노인들의 인지적 수준에 따라 구성해야 한다. 자칫 잘못하면 오히려 역효과를 낳기도 하거나 자신감을 상실하기

도 하기 때문에 다른 영역과 적절히 통합하여야 한다

표 8-6　**언어·문학 활동 프로그램**

활동명	내 짝은 어디에? (단어카드 맞추기)		
활동영역	언어·문학 영역		
활동시간	50분		
활동목표	• 단어카드의 짝 맞추기를 통해 인지능력을 향상시킨다. • 카드를 배열하는 과정을 통해 자신감을 갖는다. • 어린 시절을 회상하게 한다.		
준비물	단어카드, 찍찍이 판		
활동방법	도입	• 서로 인사 나누기를 한다. • 단어카드 프로그램을 설명해 준다.	
	전개	• 찍찍이 판에 단어를 붙인다. • 짝을 맞추어 단어나 문장을 완성시킨다.	
	마무리	함께 읽어 보고 뜻을 설명하게 한다.	
대안활동	• 동시 지어 보기 • 시 읽고 이야기 나누기 • (　) 안에 단어 넣기 • 스피드 게임 • 좋아하는 과일 찾기 • 숫자 찾기 • 동화 이야기 이어 가기		

4. 인지 · 게임 영역

　게임은 정해진 규칙에 따라 이루어지는 형태의 놀이를 의미한다. 이러한 게임은 어떠한 규칙을 정해 놓고 상대방과 서로 정정당당하게 이기려고 경쟁하면서 진행하는 놀이를 의미하기도 한다. 이러한 게임은 두 가지의 핵심 요소가 있다. 하나는 두 명 이상의 사람 사이에 이루어지는 경쟁적인 요소이며, 또 다른 하나는 참여자 간에 서로 합의된 규칙에 의해 진행된다는 것이다.

　노인에게 있어 게임을 통한 놀이치료의 효과는 다음과 같다. 첫째, 게임을 통해 인지기능의 향상과 더불어 지적 기능의 유지를 도모할 수 있다. 둘째, 신체를 움직이는 게임은 호흡기나 순환기 그리고 신체를 자극하여 그동안 움직이지 않았던 각 신체기능을 활발하게 유지시켜 준다. 셋째, 여러 사람과 게임에 몰두함으로써 내재된 스트레스를 발산하고 자신의 감정을 조절하게 하여 자신감과 성취감을 느낄 수 있다. 넷째, 무미건조하고 단조로운 일상에 활력을 준다. 다섯째, 다양하고 활기 넘치는 게임은 노인들의 신체기능을 활발하게 유지시키고 정신기능을 활성화시킨다.

표 8-7	인지·게임 활동 프로그램		
활동명	알록달록 색깔 모으기를 해 보아요		
활동영역	인지·게임 영역		
활동시간	50분		
활동 목표	• 손과 인지의 협응력을 통해 기억력을 향상시킨다. • 색깔 개념과 수 개념을 익힌다. • 타인과의 공감능력을 키운다.		
준비물	계란판, 색깔 스펀지		
활동방법	도입	• 서로 인사 나누기를 한 후 자기소개 하기를 한다. • 색깔 스펀지를 하나씩 꺼내 보이며 색깔 맞히기를 한다.	
	전개	• 계란판에 가로, 세로 배열을 맞추어 계란판 색깔 채우기를 한다. • 팀을 나누어 게임을 함께한다.	
	마무리	• 이긴 팀에게 박수를 보내고 서로 격려와 응원을 한다. • 모든 프로그램을 마무리를 하고 느낌을 나눈 후 정리정돈한다.	
대안활동	• 숫자카드로 덧셈, 뺄셈하기 • 감정카드를 통한 감정 나누기 • 나라 이름이나 도시 이름 또는 자신이 살던 곳 말하기 • 공 굴려 점수판에 넣기		

5. 전통놀이영역

노인들은 신체를 오래도록 사용한다거나 인지적으로 많은 것을 요구하는 활동들은 힘들어하는 경우가 많다. 특히 치매 노인이나 인지장애가 있는 노인들은 새로운 것을 배우는 것을 매우 어려워한다. 왜냐하면 자신의 생활패턴을 바꾼다거나 새로운 사람들을 사귀는 것조차 힘들어질 때가 있고 시시각각 마음이 자주 변해서 한 곳에 집중하여 어떠한 일을 지속하는 것이 힘들기 때문이다. 이러한 이유로 노인들이 어렸을 때 즐겨 했던 놀이를 활용하는 경우가 많다.

노인에게 있어 지나간 과거를 회상하게 하는 활동들은 매우 중요하다. 이러한 맥락에서 전통놀이는 노인들에게 매우 효과적인 활동이다. 전통놀이는 다른 영역의 활동에 비해 새롭게 배울 필요가 없으며 무엇보다도 재미있기 때문에 노인에게 접근이 유리하다. 또 다른 연령층에 비해 노인이 인지하기 쉬운 계절이나 절기와 관련이 많기 때문에 노인에게는 부담없이 다가서기 쉽고 관심의 대상이 된다. 그리고 전통놀이는 주변에서 쉽게 구할 수 있는 재료들을 사용할 수 있거나 그 종류나 활동방법도 다양하기 때문에 좀더 재미있게 활동할 수 있다. 예를 들면, 강강술래, 사방치기, 딱지치기, 윷놀이 등은 많은 사람이 함께 즐길 수 있고 노인들이 어린 시절에 경험을 해 보았기 때문에 더 즐겁게 활동한다. 이러한 전통놀이는 타인과의 상호작용을 통해 협동심과 사회성을 길러 주며 신체적 발달을 도모할 수 있다. 그리고 과거를 회상하는 수단이 되어 정서적으로도 안정을 주며, 신체표현을 통해 스트레스를 해소하고, 이와 더불어 자긍심을 높이는 효과를 가져올 수 있다.

표 8-8　전통놀이 활동 프로그램

활동명	내가 만든 딱지 어때요?	
활동영역	전통놀이영역	
활동시간	50분	
활동목표	• 손과 신체의 협응력을 기른다. • 스트레스를 해소한다. • 타인과의 공감능력을 향상시킨다. • 어린 시절을 회상하게 하여 기억력을 향상시킨다.	
준비물	각종 전통놀이 재료	
활동 방법	도입	• 서로 인사를 나눈다. • 신문지를 나누어 준 뒤 딱지에 얽힌 추억들을 이야기 나눈다.
	전개	• 딱지 접기를 설명한 후 하나씩 접어 보게 한다. • 서로 팀을 나누어 딱지치기 대결을 한다. • 서로 응원을 하거나 격려를 한 후 게임을 마친다.
	마무리	• 딱지접기를 하는 동안 느꼈던 감정들을 이야기 나눈다.
대안활동	• 사방치기 • 강강술래 • 공기놀이 • 공기 응용놀이: 통의 색깔을 말하고 그 안에 담기	

6. 신체 · 운동 영역

노인들에게 있어 자신의 신체를 움직이는 활동은 노화를 막고 나이 듦에 대한 우울감이나 삶과 죽음에 대한 공포나 불안감 등을 감소시켜 삶을 윤택하게 하고 자아통합을 하게 하여 자기성장을 경험하게 한다. 그리고 운동을 통해 개인과 단체와의 상호작용을 경험하기도 하고 운동이라는 매개체를 통해 타인과의 관계를 향상시켜 주고 지지와 수용을 통한 긍정적인 피드백을 경험할 수 있게 한다. 특히 신체를 음악에 맞추어 움직이는 율동을 통한 신체 표현은 내면에 쌓여 있는 스트레스를 해소시켜 주고 몸의 활력을 불어넣어 준다.

어떤 연령에서든 음악을 통한 몸의 동작들을 표현하는 신체 움직임은 매우 긍정적인 효과를 가져다준다. 특히 노인의 경우 음악에 맞추어 율동을 하면 굳어 있던 몸의 근육이 이완되고 이를 통해 감정의 이완도 함께 일어나 새로운 활력을 준다. 이러한 신체의 움직임은 나이가 들어가면서 소외되고 혼자라는 외로움이나 허탈감, 그리고 무력감을 해소하는 데 많은 도움을 준다. 또한 음악에 맞춰 신체를 움직여 봄으로써 관절을 부드럽게 하여 근육의 유연성을 기를 수 있다. 한편, 이러한 운동을 통해 폐활량을 늘리고 몸도 가볍게 하여 생활의 활력을 제공해 준다. 나이가 들어감에 따라 신체적으로 거동이 불편한 노인이라도 음악을 통한 작은 움직임을 시도해 본다면 치료에 도움을 줄 수 있다.

7. 생활영역

    노인은 나이가 들어갈수록 행동반경의 폭이 매우 좁아진다. 특히 주변 사람들과 상호 교류를 단절하는 생활을 연속적으로 경험하면서 살아가다 보니 더욱 위축되고 혼자라는 외로움에 휩싸이는 경우가 많다. 놀이치료에서의 게임을 활용하는 것은 노인들에게 주변 사람들과의 상호 교류를 통해 노인들이 자신의 문제를 스스로 해결할 수 있도록 활력을 불어넣어 준다. 노인들의 일상생활의 활동을 그 사람에게 맞는 활동으로 조절해 나가도록 도와주는 것이다. 이 활동에는 산책이나 청소, 세탁물 정리정돈하기, 식사시간 돕기, 종이 자르기 등 매우 다양한 활동이 있다. 이러한 활동 안에는 새나 짐승, 그리고 개나 고양이 등의 애완동물을 돌보는 것도 포함된다.

    생활영역 놀이치료는 다른 활동들과는 달리 자신이 처한 현실 생활 속에서 자연스럽게 신체를 움직여 노인들이 좀더 건강한 생활을 도모하게 한다. 또한 생활 속에서 자신이 해야 하는 역할 경험을 통해 자존감을 높이고, 적당한 긴장감을 해소함으로써 매일매일 소박하지만 나름대로 자신만의 즐거운 시간을 보낼 수 있게 한다. 이때 놀이치료사들은 노인들이 관심을 가지거나 잘하는 것을 선택하게 하며, 노인들이 똑같은 동작을 여러 번 반복하게 하여 자신이 할 수 있다는 것에 익숙해지게 해야 한다. 그리고 노인들에게 어떠한 역할을 맡기기 전에 그들이 무엇을 해야 하는지 명확하게 전달해야 한다. 노인에게 각자의 역할이 정해지면 그들이 자신의 생활 속에서 반복적인 행동들로 그것들이 정착되도록 주의 깊게 살펴야 한다. 만약 잘못했을 경우에는 주변 사람들이 알지 못하도록 도와주어야 하며, 노인들이 누군가에게 도움을 줄 때마다 그들에게 고마움을 충분히 표시하는 것이 중요하다.

    울지 않는 청년은 야만인이요 웃지 않는 노인은 바보이다.

                                                                 — 조지 산타야나 —

표 8-9 │ **생활놀이활동 프로그램**

활동명	나뭇잎으로 사자를 만들어요	
활동영역	생활영역	
활동시간	50분	
활동목표	• 어린 시절을 회상하게 한다. • 자연물을 통해 계절 감각과 긍정적인 감정능력을 향상시킨다. • 타인과의 공감능력을 향상시킨다.	
준비물	여러 가지 모양의 낙엽, 접착제나 풀, 도화지	
활동방법	도입	• 서로 인사를 나눈 후 자기소개를 한다. • 낙엽들을 나누어 준 뒤 낙엽에 대한 느낌이나 추억들을 이야기 나눈다.
	전개	• 도화지 위에 나뭇잎들을 이용해 사자 모양을 만든다. • 접착제나 양면테이프를 이용해 나뭇잎을 도화지에 붙인다. • 사자 모양을 완성한 후 사자 소리를 흉내 내어 본다.
	마무리	• 서로의 작품을 감상하고 소개하는 시간을 갖는다. • 오늘 프로그램의 느낌을 나눈 후 수업을 마무리한다.
대안활동	• 화분에 예쁜 꽃이나 화초 심기 • 과자로 친구 얼굴 꾸며 선물하기 • 오자미 만들기 • 김장 담그기 • 과자 옮기기 • 인형 옷 입히기	

Part 4

어떻게 하면 돼?
성장과 치유 놀이
실제 적용 사례

09 성장과 치유를 위한 노인놀이의 신(New) 개념

영국 사회철학자 Peter Laslett은 인생을 4단계로 구분하였다. 제1기는 학령기, 제2기는 사회 활동기, 제3기는 은퇴 후 또 다른 새로운 삶의 시기, 제4기는 죽음에 이르는 임종기이다. 이러한 Laslett의 이론에 의하면, 노후 준비가 필요한 시기는 제3기에 해당한다. 왜냐하면 이 시기는 경제적 책임 및 사회적 의무나 기타 가족 부양의 의무에서 조금은 벗어나기 때문이다. 따라서 우리는 인생 3기의 성장과 치유를 위한 노인 미술놀이를 위한 지원과 인생 4기의 치유를 위한 노인놀이 유형을 다음과 같이 구분하여 프로그램을 구성하였다. 첫째, 창조놀이, 둘째, 레크리에이션놀이, 셋째, 예방치료놀이, 넷째, 치료놀이의 네 가지 영역이다.

다음은 영역별 이론에 관한 세부적 내용이다.

첫째, 창조놀이(creative play)는 주로 인생 3기 노인을 대상으로 과거의 전문 역량을 바탕으로 은퇴 이후 자신만의 놀이로 새로운 창업이나 창직을 하거나 취미나 여가의 놀이로 시작하였다가 내재된 역량이 발휘되어 하나의 전문가로 성장하는 놀이활동, 자신만의 인생을 새롭게 설계하기 위한 생애 설계과정과 그 속에 포함된 자기성찰을 통한 삶의 전환을 이루는 놀이활동, 자신이 보유하고 있는 지혜나 영성을 인식하고 이를 활용하여 자신의 삶과 타인의 삶을 개선하기 위한 놀이활동이 여기에 해당된다.

둘째, 레크리에이션놀이(recreation play)는 인생 3기 노인을 대상으로 신체 건강을 증진하고 창조적인 충동을 다시 깨우쳐 주며, 사회 참여를 독려하고 사회에 의미있는 역할을 수행하며 인생에 대한 긍정적 희망을 제공하기 위한 목적을 가진다(노상은, 전남희, 2018; 박상렬, 2008). 노인들은 신체기능의 약화, 정신적인 소외감과 고독감을 느끼고, 사회적으로는 경제적 상실을 겪게 되면서 이로 인해 파생되는 문제를 완화할 수 있는 활동이 필요하다(김홍록, 2003).

노인에게 레크리에이션의 기능적 측면을 보면 신체기능을 유지, 향상시켜 창조적인 능력을 발휘하고 다른 동료들과의 관계 형성을 통해 자신의 여가 욕구를 충족하게 하고, 심리적·정신적인 측면에서도 젊게 인식하고 활발한 지적활동을 할 수있게 한다(박상렬, 2008).

셋째, 예방치료놀이(preventive therapy play)는 인생 3기나 인생 4기의 노인을 대상으로 정상적 노화에 따른 노인의 신체적·정신적 저하나 결함을 치료함으로써 노화 변화에 대응한 최소한의 능력 유지와 회복을 도모하고 이로부터 노인의 독립적 생활을 영위하게 하는 목적을 가진다(노상은, 전남희, 2018; 신혜원, 2009a). 예방치료놀이의 목적은 레크리에이션놀이와 같지만 활용되는 기능적 요소는 노화에 따른 예방차원에 초점을 맞추고 있다. 예방치료놀이활동은 노년기의 고립과 소외감을 제거하기 위한 예방차원의 치료적 접근과 질병이나 장애로 인한 노인의 신체적·정서적 후속 현상의 문제를 예방하고 개선하는 데 도움을 줄 수 있다(정여주, 2005). 예방치료놀이의 기능적 요소는 소도구나 소품을 활용한 놀이를 주로 하며, 최근에는 노인이 직접 놀이 도구를 만들어 활용하기도 한다(노상은, 전남희, 2018).

넷째, 치료놀이(theraputic play)의 의미는 의료적 치료의 의미가 아닌 작업치료, 물리치료, 오락치료에 사용되는 용어처럼 특정한 용어로 사용된다. 레크리에이션이 광범위한 목적과 대상에게 단발적으로 실행되는 프로그램이라면, 치료놀이는 소규모의 특정한 대상의 정보를 수집해 체계적인 계획 하에 지속적인 실행을 통해 대상의 심신에 긍정적인 변화를 주고자 하는 활동이다(전은미, 2007). 치료놀이는 신체적 · 정신적 · 사회적 한계를 가지고 있는 대상에게 적절한 여가 생활양식을 개발, 유지, 표현하게 하는 것이다(노용구, 2006). 치료놀이는 인생 4기에 활용되는데, 이는 타인의 도움을 받아야 하는 심신의 기능이 저하된 노인과 장애인 같은 특수 인구집단에게 사회적 · 정서적 · 신체적인 기능 회복을 도모케 함으로써 생활 속에서 여가활동을 지속적으로 유지할 수 있도록 도와주는 활동이다(채준안, 이준우, 2007). 다시 말해, 여가활동에 제약을 갖고 있는 대상의 심신 상태를 파악한 후 수용 가능한 기능적 요소를 제공함으로써 대상의 긍정적 변화를 요하는 활동이다.

간략히 요약하면, 창조놀이는 건강한 제2인생의 창출을 위한 단계 놀이이고, 레크리에이션놀이는 건강한 노인의 심신 유지와 향상을 위한 단계 놀이이며, 예방치료놀이는 건강한 노인의 심신 안정과 유지로 신체적 · 정신적 기능의 현상 유지와 기능 감소의 예방 단계 놀이이고, 치료놀이는 쇠약한 노인과 치매노인의 심신 안정과 유지를 위한 사후적 단계 놀이이다.

놀이의 성장과 치료적 요인은 내담자의 변화를 이끌어 내는 실제적인 기제이다. 놀이는 내담자의 바람직한 변화에 긍정적으로 영향을 끼치는 중재자로서의 힘을 발휘한다(Barron & Kenny, 1986). 놀이는 실질적 변화를 촉진하고 다른 변화 요소를 적용하기 위한 매개체가 아니며, 치료적 변화의 강도나 방향을 조정하는 역할도 아니다.

치료 및 성장의 이론적 기반과 치료/성장 요인(변화 기제), 놀이유형, 놀이효과를 제시하면 〈표 9-1〉과 같다.

| 표 9-1 | 치료와 성장을 위한 놀이의 이론적 기반

구분	치료	성장
지지이론	정신역동이론, 인지행동이론	코칭, 긍정심리, 전환학습이론
치료/성장 요인 (변화 기제)	카타르시스, 역조건 형성, 행동 변화, 통찰, 긍정적 감정, 자기표현, 무의식 표현, 직접 교수, 간접 교수, 회복탄력성, 두려움의 역조건화	성찰, 인식 전환, 사회적 능력, 창의적 문제해결, 도덕 발달, 자아존중감, 자기조절
놀이유형	모래놀이, 역할놀이, 스토리텔링, 그림그리기	자서전 쓰기, 시 쓰기
놀이효과	애착, 의사소통, 자기표현, 탄력, 감정 조절, 자아존중, 스트레스 관리	통찰, 창의적 문제해결, 지혜, 영성

출처: Schaefer & Drewes (2015).

10 성장과 치유를 위한 실제 사례 프로그램

　Peter Laslett이 제시하였던 인생 4단계를 바탕으로 이 책에서는 성장과 치유를 위한 노인놀이 유형 영역(창조놀이, 레크레이션 놀이, 예방치료놀이, 치료놀이)으로 구분하여 놀이 프로그램을 구성하였다. 다음은 놀이 프로그램 영역에 따른 세부적 프로그램 내용이다.

　성장과 치유를 위한 노인의 놀이 프로그램에는 놀이, 미술, 인지행동, 음악, 문학, 전통놀이 및 게임 등 다양한 접근법이 나오고 있다. 다양한 접근법은 노인들이 살아온 인생의 균형을 이룸과 돌이킬 수 없는 상실감을 극복하고 좀 더 안정적으로 인생을 마감할 수 있도록 도와주는 데 의의가 있다.

　이러한 성장과 치유를 위한 놀이 프로그램은 문제행동을 예방하거나 제거함으로써 노인의 사회적 적응과 기능을 도와주고, 노인의 경험, 사고, 감정, 성격, 욕구 등을 놀이를 통해 표출하도록 한다.

　따라서 노인들이 단순하면서도 쉽게 따라할 수 있고, 놀이처럼 진행하여 체계적이고 반복적으로 실시함으로써 자기표현을 향상시키고, 자존감 향상 및 심리적 안정을 도모할 수 있는 놀이치료와 미술치료를 함께 실시하여 끝까지 즐겁게 활동을 할 수 있도록 하고자 한다. 놀이는 프로그램을 통해 노년기에 발생하는 소외감 및 고립 등을 해소하여 타인과 긍정적인 교류를 할 수 있도록 도와준다. 활동 과정에서 이야깃거리를 만들어 내어 자신을 표현할 수 있으며 다른 사람을 이해하게 되는 과정을 가지게 된다.

놀이 프로그램은 단조로웠던 일상생활에서 좀 더 창의적이고 생산적인 활동을 하게 하며, 자신을 표현하고 타인을 이해하는 등의 긍정적인 변화를 보이게 된다. 또한 놀이 프로그램은 시지각 및 인지 활동, 치매 예방 및 치매인지재활에 도움이 되어 노인의 인지, 심신의 긍정적인 변화와 노인의 심리적 안녕감을 가져오게 하여 삶의 질을 향상시킬 것이다.

다음은 65세 이상의 남녀노인의 노인놀이 프로그램 구성방법의 실제 사례를 나누고자 한다. 부산광역시의 65세 이상의 남녀 노인을 대상으로 편하게 프로그램에 참여하도록 하는 개방형 집단(평균 8~10명참여)으로 총 12회기(주1회, 회기당 60~80분 시간 소요)로 성장과 치유를 위한 프로그램을 구성하였다.

친밀감 형성, 관계 형성 및 자기 이해와 표출과 정화, 자아 탐색 및 사회성 형성, 자기이미지 형성의 5단계로 구성된 노인놀이 프로그램은 다음과 같다.

> **1단계**: 친밀감 형성 단계로, 1~2회기에 구성하며 자기소개를 통한 구성원 간의 친밀감 도모와 자신의 표현능력 향상을 목표로 한다.
> **2단계**: 관계 형성 및 자기 이해 단계로, 3~4회기에 구성하며 자신의 모습을 바라보고 자신의 감정표현능력과 주변 지지체계 형성을 도모하고 촉지각 발달을 목표로 한다.
> **3단계**: 표출과 정화의 단계로, 5~8회기에 구성하며 자신의 아픈 곳, 마음에 담아둔 스트레스 등을 표출하고 정화하는 과정에서 카타르시스를 경험하는 것을 목표로 한다.
> **4단계**: 자아 탐색 및 사회성 형성 단계로, 9~10회기에 구성하며 자기표현과 대상 이해, 심리적 긴장감 해소 및 이완을 통해 자기통합을 하고 창의력을 자극하여 생활의 활력을 가지는 것을 목표로 한다.
> **5단계**: 자기이미지 형성 단계로, 11~12회기에 구성하며 자기통제력과 긍정적으로 삶을 정리하는 시간을 갖는 것으로 목표로 한다.

이러한 단계를 통해 노인은 자신을 수용하고 타인을 이해하며 긍정적인 삶을 살아갈 수 있을 것으로 보고 프로그램을 구성하였다. 놀이 프로그램의 구성 내용은 〈표 10-1〉과 같다.

표 10-1 **놀이를 접목한 미술치료 12회기 프로그램 구성 내용**

단계	회기	활동명	활동목표	활동영역	미술매체
1단계	1	우리의 만남	자기소개를 통한 구성원 간의 친밀감 도모	사회성 영역	색종이, 종이컵, 가위, 전지, 풀 또는 양면테이프
	2	(나는?) 이름 표현	표현능력 함양	감각 · 정서 영역	폼클레이, 폼보드, 다양한 곡식, 비즈, 반짝이
2단계	3	나를 봐요~	자신의 모습 바라보기 자신의 감정을 표현하는 능력 함양	감각 · 정서 영역	폼클레이, 다양한 색의 점핑클레이, 나비, 거울반제품
	4	좋아하는 사람	지지체계 형성 촉지각 발달	사회성 · 인지 영역	폼클레이, 그림이 그려진 티슈, 가위, 물티슈, 다용도함
3단계	5	내 마음이 가는 곳	카타르시스 경험 근육 강화	인지 · 운동 영역	도예 점토, 밀대, 모양틀, 점토 조각도, 책상깔개, 비닐, 물티슈, 음악, 유명 화가의 작품
	6	나의 아픈 곳	신체 명칭에 대해 이야기 나누며 자신의 신체에 대해 살펴봄	인지 · 운동 영역	인체 활동지, 스티커, 비누, 침, 색끈, 장식할 꽃(조화)
4단계	7	스트레스 날려 보내기	마음에 담아 둔 스트레스 발산	정서 · 감각 영역	신문지, 테이프, 넓은 상자, 바구니, 양면테이프, 지끈, 부직포, 가위
	8	보고 싶은 사람	주위 사람들을 생각하며 특징을 떠올릴 수 있다	인지 · 정서 영역	식빵, 잼, 다양한 크기의 과자류, 김, 접지, 손가락
	9	초대된 나	자기표현과 대상 이해, 심리적 긴장감 해소	감각 · 정서 영역	천, 솜, 실, 바늘, 가위, 장식물, 매직, 글루건, 자장가 음악
	10	자연 속의 나	심리적 이완, 자기통합 및 창의력 자극	감각 · 사회성 영역	화지, 물풀, 본드, 가위, 꾸미기 재료, 잡지
5단계	11	만다라	자기통제력 향상	정서영역	사포, 크레파스, 음악
	12	나에게 주는 메달 수여식	긍정적으로 삶을 정리	정서영역	원석, 와이어, 매듭반제품, 그동안 작업한 모습이 담긴 PPT 영상

1. 놀이 프로그램의 진행방법 및 과정

■ 1회기: 우리의 만남

표 10-2 1단계: 친밀감 형성 1

활동목표	자기소개를 통한 구성원 간의 친밀감 도모
활동영역	사회성 영역−친구와 만나기
미술매체	색종이(양면), 종이컵, 가위, 전지, 풀 또는 양면테이프
도입	• 첫 날이므로 다함께 일어서서 파이팅을 외치며 시작한다. • 오늘 함께 할 내용을 이야기한다. • 준비한 미술매체에 대해 이야기를 나눈다.
활동방법	① 양면 색종이 한묶음(다양한 색구성 10장)을 나눠준다. ② 같은 색이 나오지 않도록 색종이를 책상에 펼친다. ③ 상담사가 말한 색의 색종이를 든다. ④ 찾은 색종이의 뒷면에 있는 색에 대해 이야기한다. ⑤ 뒷면에 나온 색이 같은 집단원이 짝지가 된다. ⑥ 삼각 접기로 왕관, 팬티, 산 등으로 연상되는 것을 접어본다. ⑦ 산에 대해 이야기한다('산에 올라가면 뭐가 있을까?' '산에서 내려오면?' 등으로 신체놀이 실시) ⑧ 짝지들끼리 마주 앉아 색종이를 찢는다. ⑨ 찢은 색종이를 종이컵에 담아 둔다. ⑩ 종이컵 속의 색종이를 소개하는 집단원에게 반갑다며 뿌려 준다. ⑪ 전지에 하트를 그려 양면테이프를 붙인다. ⑫ 양면테이프를 떼어내고 그곳에 ⑩의 색종이를 붙이도록 한다.
이야기 나누기	• 함께 만들어 낸 작품을 보고 느껴지는 감정에 대해 편하게 이야기를 나눈다. • 색의 다양함과 색과 연상되는 것을 이야기 나눈다.
마무리	• 전체적인 경험에 대해 정리한다. • 다음 회기에 다시 만날 것을 손가락 걸고 다 함께 박수를 치며 마무리한다.
활동사진	

진행과정

먼저 앞으로의 진행과 치료사 소개 등 간단한 오리엔테이션을 실시하였다. 색종이의 색을 살펴본 후 접는 등의 활동을 하였는데, 집단원 모두 색이 너무 예쁘다며 이런 예쁜 종이가 있냐고 좋아하신다. 색과 연상되는 것을 이야기하며 꽃과 과일의 이름을 대고 자신이 좋아하는 것에 대한 이유도 이야기하신다. 색종이를 찢어서 종이컵에 담도록 하니 아까운 색종이를 찢는다며 계속 이야기하시는 어른도 있었다. 전지에 찢은 색종이를 붙이도록 하자 "다 쓸 데가 있었어. 그런 거네!"라며 열심히 붙이신다. 모두가 붙인 색종이가 하트 모양이 되자 웃으며 "사랑이네."라며 좋아하신다. 치료사가 "사랑합니다."라며 손하트를 하고 인사를 하자 손뼉을 치시는 분도 계시고 머리 위로 하트를 하시는 분도 계셨다.

오늘 프로그램에 대한 긍정적인 피드백을 하며 다음 회기에는 무엇을 할 것인지 물어보신다. 오늘의 회기가 동기 유발이 된 것으로 보인다. 물건에 대한 애착과 낭비에 대해 좋지 않은 감정을 가지고 있는 노인들은 땅에 떨어진 색종이를 주워 치료사에게 건네며 가져가서 예쁘게 만드는 것에 사용하라고 말씀하신다.

■ **2회기: 나는?(이름 표현)**

표 10-3 **1단계: 친밀감 형성 2**

활동목표	• 자신의 이름을 꾸밀 수 있다. • 표현능력을 함양한다.
활동영역	감각 · 정서 영역
미술매체	폼클레이, 폼보드, 다양한 곡식(검은콩, 강낭콩 등), 비즈, 반짝이 등
도입	• 오늘 함께 할 내용을 이야기한다. • 준비한 미술매체에 대해 이야기를 나눈다.
활동방법	① 폼클레이를 만지며 느껴지는 촉감에 대해 이야기한다. ② 폼보드에 폼클레이로 자신의 이름을 만든다. ③ 폼클레이을 일정한 굵기로 만들어 내는 과정 속에 소근육 운동이 됨을 알려준다. ④ 폼보드 위에 완성된 자신의 이름에 다양한 곡식을 붙인다. ⑤ 주변을 다양한 비즈와 반짝이 등을 이용하여 꾸며준다. ⑥ 완성된 이름판을 집단원에게 보여 준다. ⑦ 자신의 이름을 소개하고 좋아하는 것을 말한다. ⑧ 집단원들의 이름과 좋아하는 것을 인지하고 있는지 게임을 통해 익힌다.
이야기 나누기	• 집단원이 좋아하는 것을 인지하고 있는지 이야기를 나눈다. • 즉석으로 집단원들이 좋아하는 것을 할 수 있도록 장을 마련한다(예: 노래, 춤 등).
마무리	• 전체적인 경험에 대해 정리한다. • 어릴 때 밖에서 놀고 있으면 집에서 나를 불렀던 것을 회상하며 자신의 이름 을 크게 불러본다. • 다음 회기에 다시 만날 것을 손가락 걸고 약속한 후 다함께 박수를 치며 마무리 한다.
활동사진	

진행과정

학교놀이를 실시한 후 프로그램을 진행했다. 집단원에게 자신의 이름을 크게 말하도록 했다. 그러면 치료사는 집단원의 이름을 전지에 적었다.

집단원의 이름을 모두 적은 다음 치료사가 자신의 이름을 부르면 집단원은 "예, 예, 선생님."이라며 어릴 때 다른 사람이 자신의 이름을 부르면 대답을 했듯이 해 보았다. 학교를 다니지 못했다며 '예, 예, 선생님' 하며 대답을 하니 학교에 온 것 같다며 즐거워하신다.

화지를 덮고 기억나는 이름을 말하도록 했더니 다소 힘들어하기도 했지만 기억을 해내신다.

집단원의 이름을 적은 전지를 걸어 두고 화지에 자신의 이름을 쓴 후 장식하도록 했더니 이름을 쓰지 못하던 노인도 슬쩍슬쩍 보시면서 활동을 하신다.

폼클레이를 길게 늘려 우드락에 이름을 쓰면서 칸이 맞지 않다고 하시는 분도 계셨고, 자신의 이름판을 보여 주면서 좋아하는 것을 말씀하시곤 노래를 부르시는 분도 계셨다.

치료사도 함께 노래를 부르니 집단원 모두 박수를 치며 흥겨워하신다.

■ 3회기: 나를 봐요~

표 10-4 2단계: 관계 형성 및 자기 이해 1

활동목표	자기 감정표현 능력을 함양한다.
활동영역	감각 · 정서 영역
미술매체	폼클레이, 다양한 색의 점핑클레이, 클레이 도구, 나비, 거울반제품
도입	• 오늘 함께 할 내용을 이야기한다. • 준비한 미술매체에 대해 이야기를 나눈다.
활동방법	① 〈사과 같은 내 얼굴〉 노래를 함께 부른다. ② 자신의 얼굴에 대해서 이야기를 나눈다. ③ 지난 회기 때 사용해 본 클레이로 친숙하게 작업에 대해 호기심을 끌어낸다. ④ 거울반제품에 폼클레이를 붙인다. ⑤ 다양한 색의 점핑클레이에 도구를 활용하여 꾸미도록 한다. ⑥ 완성된 거울에 자신의 얼굴을 비추어 보고 다양한 표정을 지어본다.
이야기 나누기	• 집단원들은 자신의 얼굴에 대해 표현하고 거울을 보고 느껴지는 감정에 대해 이야기를 나눈다. • 자신이 만든 거울에서 미소 짓는 자신의 얼굴이 아름다우며 앞으로도 어떤 표정으로 생활해야 할지에 대해 이야기를 나눈다.
마무리	• 전체적인 경험에 대해 정리한다. • 세상에서 가장 아름다운 미소를 짓고 있는 자신을 "예쁘다" "멋지다"라고 이야기한다. • 다음 회기에 다시 만날 것을 손가락 걸고 약속한 후 다 함께 박수를 치며 마무리한다.
활동사진	

진행과정

지난 회기에 폼클레이를 사용하는 방법을 아시고 먼저 폼클레이를 말한다. 폼클레이를 붙이고 꽃을 장식하면서 말을 하지도 않고 집중을 하신다. 그러다 "이런 것도 만들어 보네."라며 젊었을 때 해 보지 못한 것을 지금 하고 있다며 흐뭇해하시면서도 신기해하신다. 완성 후에 자신을 보고 "기억을 잘하자." "머리가 안 나빠지게 하자." "늙었네." 등 세월에 대한 이야기를 많이 하신다. 지금까지 충분히 열심히 살아왔음에 대해 스스로에게 칭찬하는 시간을 가졌다. 집단원은 칭찬할 것이 있나 하시며 잠시 침묵이 흐르더니 한 노인이 "그래도 내가 왕년에는 여행도 많이 다니고 했지."라고 하자 집단원이 한 마디씩 거들기 시작하신다.

자신이 최고이고, 앞으로도 잘해 나갈 수 있을 것이라고 서로에게 이야기하며 회기를 마쳤다.

■ 4회기: 좋아하는 사람

표 10-5 │ 2단계: 관계 형성 및 자기 이해 2

활동목표	• 지지체계를 형성한다. • 촉지각을 발달시킨다.
활동영역	사회성 · 인지 영역
미술매체	폼클레이, 그림이 그려진 티슈, 가위, 물티슈, 다용도함
도입	• 오늘 함께 할 내용을 이야기한다. • 준비한 미술매체에 대해 이야기를 나눈다.
활동방법	① 내 주변에서 나를 기쁘게 하거나 내가 좋아하는 사람에 대해서 이야기한다. ② 그들이 좋은 이유에 대해서 이야기한다. ③ 그들의 마음을 담을 수 있는 다용도함을 만들어 보기로 한다. ④ 다용도함에 폼클레이를 꼼꼼하게 붙인다. ⑤ 그림이 그려진 티슈를 그림 형태대로 오린다. ⑥ 오린 티슈를 다용도함에 붙인 후 물티슈로 가볍게 눌러 준다. ⑦ 완성된 다용도함에 ①과 ②의 활동에서 이야기 나눈 것을 기억하여 담아 본다. (공중에 그 사람이 있다고 생각하고 원을 그린 후 함에 넣는 동작을 실시한다.)
이야기 나누기	• 집단원은 서로가 좋아하는 사람과 그 이유에 대해 듣고 공통점을 찾아본다. • 자신이 만든 다용도함을 어디에 두고 싶은지 이야기를 나눈다.
마무리	• 전체적인 경험에 대해 정리한다. • 좋아하는 사람과 함께 하기 위해서는 서로를 기억하는 것임을 안다. • 다음 회기에 다시 만날 것을 손가락 걸고 약속한 후 다 함께 박수를 치며 마무리한다.
활동사진	

진행과정

　　남자 노인들은 자신이 좋아하는 사람을 옆에 있어 주는 아내라고 했으나, 여자 노인들은 자식이라고 했다. 하지만 모두 한소리로 손자, 손녀가 제일 좋다고 이야기하신다. 자신의 마음을 어떻게 전달하냐는 질문에는 돈을 주면 좋아하니깐 돈을 준비해 뒀다가 자식들이나 손주들이 오면 준다고 하신다. 돈이 아닌 자신의 마음을 담아서 줄 수 있는 함을 만들자고 했더니 웃으면서 "솜씨가 없는데……."라고 하시지만 예쁘게 만들고 싶어 하는 마음을 알 수 있었다.

　　평소와는 달리 냅킨 하나를 붙일 때에도 신중을 기하는 모습과 몰입을 하여 종이를 오리는 모습을 보였다.

■ 5회기: 내 마음이 가는 곳

| 표 10-6 | 3단계: 표출과 정화 1 |

활동목표	• 카타르시스를 경험한다. • 근육을 강화시킨다.
활동영역	인지 · 운동 영역
미술매체	도예점토, 밀대, 모양틀, 점토 조각도, 책상깔개 비닐, 물티슈, 음악(유명 작가의 작품이 담긴 영상 음악), 유명 화가의 작품
도입	• 오늘 함께할 내용을 이야기한다. • 준비한 미술매체에 대해 이야기를 나눈다.
활동방법	① 유명 화가의 작품을 보여 준다. ② 집단원 모두 훌륭한 예술가라고 상상한다. ③ 두드려 보기도 하고 뜯어 보기도 하며 다양한 동작을 도예점토에 실시해 본다. ④ ③의 과정 중에 만들고자 하는 욕구가 있는 사람 먼저 시작해도 된다. 　자신이 만들고 싶은 것을 마음껏 표현하도록 한다. ⑤ 완성된 도예품을 멀리서 감상한다.
이야기 나누기	• 자신이 만든 도예품을 자랑하는 시간을 갖는다. • 서로 만든 작품에 대해 이야기를 나누고 서로에게 긍정적인 피드백을 한다.
마무리	• 전체적인 경험에 대해 정리한다. • 다음 회기에 다시 만날 것을 손가락 걸고 약속한 후 다 함께 박수를 치며 마무리한다.
활동사진	

진행과정

원하는 것은 무엇이든 만들 수 있다며 실시한 이번 회기에서는 어릴 때 흙으로 만든 것을 생각하면서 작업을 하신다. 소근육 운동과 촉각의 활성화를 위해 점토를 사용하여 잘라도 보고 길게 늘여도 보면서 크기를 맞추는 등 작품을 완성하기 위해 똑같은 작업을 여러번 반복을 하였다. 점토의 촉감을 즐기시는 집단원도 있었고, 완성 후 바로 손을 씻으러 가시는 집단원도 있었다.

서로의 작품을 보면서 잘했다고 칭찬하는 모습들이 회기를 진행하면서 점차 늘고 있으며, 서로의 안부를 묻는 모습과 도와주는 모습도 많이 나타났다.

■ 6회기: 나의 아픈 곳

표 10-7　3단계: 표출과 정화 2

활동목표	• 신체의 명칭을 인지한다. • 자신의 신체에 대해 재인지한다.
활동영역	인지 · 운동 영역
미술매체	인체활동지, 스티커, 비누, 침, 색끈, 장식할 꽃(조화)
도입	• 오늘 함께 할 내용을 이야기한다. • 준비한 미술매체에 대해 이야기를 나눈다.
활동방법	① 인체활동지에 자신의 신체 중 아픈 곳에 스티커를 붙인다. ② 이곳에 침을 놓아서 아프게 하지 않게 한다는 마음으로 비누에 침을 놓는다. ③ 놓은 침에 색 끈으로 감아 준다. ④ 조화로 예쁘게 장식한다. ⑤ 완성된 비누를 바라보며 "아프지 말자." "건강하자."라고 이야기 해 준다.
이야기 나누기	• 아픈 부분에 침도 놓고 예쁘게 닦아 주며 어떤 느낌이 들었는지 이야기를 나눈다. • 만든 작품에 대해 이야기를 나누고 서로에게 긍정적인 피드백을 한다.
마무리	• 전체적인 경험에 대해 정리한다. • 다음 회기에 다시 만날 것을 손가락 걸고 약속한 후 다 함께 박수를 치며 마무리한다.
활동사진	

진행과정

　　가족이나 주변 사람들로 인하여 마음이 아팠던 적이 있었는지에 대해 이야기를 나누고 싶었으나 집단원이 이야기를 하지 않는다. 이에 치료사는 신체 중 아픈 곳에 대해 화제를 바꾸었다. 그때서야 '가슴이 답답하다' '어지러울 때가 있다' '잘 잊어버려서 오늘도 올 때 시간이 오래 걸렸다' '다리가 저린다' 등의 이야기를 하신다. 자신의 아픈 부위에 침을 놓아 건강하게 하자며 비누의 위쪽(머리)과 아래쪽(다리)에 침을 놓은 뒤 실제 집단원의 머리를 손으로 두드리고, 다리도 두드리며 '건강해지자'라고 이야기 나눈다.

　　완성 후 꽃꽂이를 하고는 내년 봄꽃이 필 때 다 같이 건강하게 꽃구경하러 가자며 서로에게 말을 하신다. 활짝 웃는 집단원의 모습에 벌써 봄이 온 것 같다.

■ **7회기: 스트레스 날려 보내기**

표 10-8 **3단계: 표출과 정화 3**

활동목표	마음에 담아둔 스트레스를 발산 및 승화한다.
활동영역	정서 · 감각 영역
미술매체	신문지, 테이프, 넓은 상자, 바구니, 양면테이프, 지끈, 부직포, 가위
도입	• 오늘 함께할 내용을 이야기한다. • 준비한 미술매체에 대해 이야기를 나눈다.
활동방법	① 신문지를 한 장씩 나누어 드린다. ② 신문지를 찢으면서 최근에 자신을 힘들게 한 것을 말해 보도록 한다. ③ 조각난 신문지를 테이프로 감아서 공처럼 만들어서 넓은 상자에 던진다. (부엉이 화분 만들기: 새로운 마음으로 새롭게 생활하자는 의미) ④ 바구니에 유리테이프로 감싼다. ⑤ 유리테이프 위에 지끈을 감는다. ⑥ 부직포로 모양을 만들어 꾸민다.
이야기 나누기	• 서로의 스트레스를 알고 대처하는 방법에 대해 이야기를 나눈다. • 만든 작품에 대해 이야기를 나누고 서로에게 긍정적인 피드백을 한다.
마무리	• 전체적인 경험에 대해 정리한다. • 다음 회기에 다시 만날 것을 손가락 걸고 약속한 후 다 함께 박수를 치며 마무리 한다.
활동사진	

진행과정

　　스트레스를 날리기 위해 신문지를 준비했다. 하지만 집단원은 스트레스가 없다고 하신다. 지금은 좋은 것만 보고 좋은 것만 생각해야 한다고 이야기하신다. 오늘은 머리가 좋아지기 위해 어떤 것을 할 거냐고 물어보신다.

　　부엉이 화분을 만들어 예쁘게 식물을 키워 보자고 했다. 식물이라는 말에 기분이 좋으셨는지 웃으신다. 바구니에 양면테이프를 감싸고 지끈을 감도록 했다. 부직포로 모양을 만들어 꾸민 후 식물을 넣었다. 부엉이는 지혜를 상징하기 때문에 집단원이 답답해하는 것이나 힘든 것에 대해 들어 줄 것이라고 했더니 "맞다, 맞다, 니 말이 맞다."며 다들 손뼉을 치며 웃으신다.

■ 8회기: 보고 싶은 사람

표 10-9 ｜ 3단계: 표출과 정화 4

활동목표	주위 사람들을 생각하며 특징을 떠올릴 수 있다.
활동영역	인지 · 정서 영역
미술매체	식빵, 잼, 다양한 크기의 과자류, 김, 접지, 숟가락
도입	• 오늘 함께할 내용을 이야기한다. • 준비한 미술매체에 대해 이야기를 나눈다.
활동방법	① 현재 자신의 주변에 있는 사람을 생각해 본다. ② 떠오르는 사람을 생각하며 얼굴을 표현해 본다. ③ 과자에 잼을 발라 식빵 위에 눈, 코, 입 등 얼굴의 형태를 만들어 본다. ④ 완성된 얼굴을 보며 보고 싶은 사람을 생각하며 말을 걸어 본다.
나누기	• 보고 싶은 사람의 좋은 점 또는 추억에 대해 이야기를 나눈다. • 만든 작품에 대해 이야기를 나누고 서로에게 긍정적인 피드백을 한다.
마무리	• 전체적인 경험에 대해 정리한다. • 다음 회기에 다시 만날 것을 손가락 걸고 약속한 후 다 함께 박수를 치며 마무리한다.
활동사진	

진행과정

눈을 감고 자신의 주변에 있는 사람을 떠올려 보도록 했다. 좋아하는 사람을 표현했던 4회기처럼 손주를 많이 떠올렸고, 자식들 중에서는 첫째를 많이 떠올렸다. 사포의 까끌한 촉감을 느끼고 면적을 전체적으로 만져 보게 한 후 얼굴을 그리도록 했다. 사포에 선명하게 나타나는 얼굴을 보며 흐뭇해하신다. 자녀와 손자를 떠올리는 것만으로도 기분이 좋으신 것 같다. 완성 후 "내가 솜씨가 없어서 못 그렸다. 이것보다 훨씬 잘생겼다."며 칭찬을 계속 하신다.

■ **9회기: 초대된 나**

표 10-10	**4단계: 자아탐색 및 사회성 형성 1**
활동목표	• 자기표현을 하고 대상을 이해한다. • 심리적 긴장감을 해소한다.
활동영역	감각 · 정서 영역
미술매체	천, 솜, 실, 바늘, 가위, 장식물, 매직, 글루건, 자장가 음악(〈섬집아기〉)
도입	• 오늘 함께할 내용을 이야기한다. • 준비한 미술매체에 대해 이야기를 나눈다.
활동방법	① 천을 오린 후 바느질을 한다. ② 한 쪽 끝부분을 남겨 두고 바느질을 마감한다. ③ 한 쪽 끝부분으로 솜을 넣는다. ④ 솜을 골고루 넣은 후 끝부분을 바느질하여 마무리한다. ⑤ 눈, 코 등을 글루건으로 붙이고 장식물을 마음껏 꾸민다. ⑥ 푹신한 인형을 안아보고 포근한 촉감을 느낀다. ⑦ 편안한 지금의 마음을 기억한다. ⑨ 잠시 눈을 감고 음악을 듣는다.
이야기 나누기	• 인형을 두드리거나 안았을 때의 느낌에 대해 이야기를 나눈다. • 잠시 눈을 감고 음악을 감상할 때 생각났던 것 또는 느낌에 대해 이야기를 나눈다. • 만든 작품에 대해 이야기를 나누고 서로에게 긍정적인 피드백을 한다.
마무리	• 전체적인 경험에 대해 정리한다. • 다음 회기에 다시 만날 것을 손가락 걸고 약속한 후 다 함께 박수를 치며 마무리한다.
활동사진	

진행과정

　　푹신한 인형으로 소꿉놀이를 실시했다. 옆의 집단원과 배역을 정한 뒤 놀이를 시작했다. 처음에는 쑥스러워하시더니 곧잘 이야기를 하신다. 자신이 아닌 자신이 되어 일하러 가는 모습을 보이기도 하고, 저녁 요리를 하는 모습을 보이기도 하고, 평소에 자신이 하는 일에 대해서도 놀이에 나타났다. 마지막으로 인형을 안아 주면서 "오늘도 이 많은 일을 한다고 수고했어."라고 말을 하기로 했는데 말을 하지 않고 가만히 인형을 안고 있는 노인도 있다. 왜 안고만 있냐고 했더니 "따뜻하네."라며 말끝을 흐린다.

　　다른 집단원이 "맞네! 따뜻하네!"라고 하자 다들 한마디씩 하셨다.

　　인형의 촉감에서 느껴지는 편안함이 전달된 것으로 보여 조명을 잠시 끄고 음악을 들었다. 눈을 감고 음악을 듣는 동안에 마음이 편안했다고 이야기하셨다.

▪ 10회기: 자연 속의 나

표 10-11 **4단계: 자아탐색 및 사회성 형성 2**

활동목표	• 심리적 이완 상태를 유지한다. • 자기통합 및 창의력을 자극한다.
활동영역	감각 · 사회성 영역
미술매체	화지, 물풀, 본드, 가위, 꾸미기재료(숲과 관련된 것), 잡지, 음악
도입	• 오늘 함께할 내용을 이야기한다. • 준비한 매체에 대해 이야기를 나눈다.
활동방법	① 물풀 제작을 하면서 손의 근육을 향상시킨다. 　(약통 또는 물풀통에 반 정도만 물풀을 붓고 원하는 색의 물감을 넣어 흔들거나 　주물러서 잘 섞이도록 한다.) ② 색풀을 화지에 부어 손으로 마음대로 칠한다. 　(손으로 하는 것을 힘들어하는 분은 통으로 해도 무방하다.) 　〈그대로 멈춰라〉 노래를 부르며 칠한다. ③ 핑거페인팅을 한 곳에 나무, 풀 등을 붙이며 숲을 만들어 준다. ④ 잡지에서 자신과 비슷한 느낌 또는 자신의 이상형 등의 사람을 오려 붙인다. ⑤ 집단원 모두가 함께 만든 작품을 보면서 이야기를 나눈다.
이야기 나누기	• 자신의 이상형 또는 비슷한 느낌의 사람에 대해 이야기를 나눈다. • 공동으로 만든 작품에 대해 이야기를 나누고 서로에게 긍정적인 피드백을 한다.
마무리	• 전체적인 경험에 대해 정리한다. • 다음 회기에 다시 만날 것을 손가락 걸고 약속한 후 다 함께 박수를 치며 마무리 　한다.
활동사진	

진행과정

　원하는 색으로 색물풀을 만들어 화지에 마음껏 칠하도록 했다. 손으로도 할 수 있다고 했으나 집단원은 끈적거리는 것이 싫다며 하지 않으려고 했다. 치료사가 물풀을 쥐고 손으로 하는 모습을 보여 줬더니 재미있냐고 하신다. 도구를 사용하는 것과는 느낌이 다르다고 했더니 한두 분씩 따라하신다. 어느새 전체 집단원이 손가락으로 하다가 손바닥으로도 하고 있었다. 집단원 모두가 함께 전지에 마음껏 그림을 그리기 시작했다. 완성 후 숲을 만들 수 있도록 재료를 드렸더니 나무를 심는 분이 많았다. 어릴 때 산에 가서 나무를 캐 왔는데 힘들었던 이야기, 엄마랑 나물 캐러 간 이야기 등을 하시면서 풀을 계속 그리신다. 심리적 이완을 통해 편안하게 과거를 회상한 것으로 보인다.

■ **11회기: 만다라**

표 10-12 **5단계: 자기이미지 형성 1**

활동목표	자기통제력을 향상시킨다.
활동영역	정서영역
미술매체	사포, 크레파스, 음악
도입	• 오늘 함께할 내용을 이야기한다. • 준비한 미술매체에 대해 이야기를 나눈다.
활동방법	① 사포를 손가락으로 만져보기도 하고 손바닥 전체로도 만져가며 느껴본다. ② 손가락과 손바닥을 비비며 눈을 감는다. ③ 조용한 음악을 틀어 주고 호흡하게 한다. ④ 손의 느낌과 호흡에 집중하여 명상을 한다. ⑤ 명상에서 깨어난 후 ③, ④의 과정에서 느꼈던 것을 사포에 표현한다. ⑥ 크레파스를 이용하여 사포에 그림을 그린다.
이야기 나누기	• 사포에 그릴 때의 느낌과 손에서 느꼈던 느낌을 나눈다. • 명상에서 떠올랐던 것에 대해 이야기를 나눈다. • 만든 작품에 대해 이야기를 나누고 서로에게 긍정적인 피드백을 한다.
마무리	• 전체적인 경험에 대해 정리한다. • 다음 회기에 다시 만날 것을 손가락 걸고 약속한 후 다 함께 박수를 치며 마무리 한다.
활동사진	

진행과정

　　명상을 한 후 사포에 동그라미를 그리게 하였다. 동그라미를 그린 후 다시 명상을 통해 연상되는 것도 좋고, 편안하게 동그라미에 그리고 싶은 것이 있으면 그것을 그려도 된다고 했더니 엄마, 어릴 때 가 본 곳, 하고 싶은 것 등을 표현하셨다. 집단원 모두의 작품을 바닥에 두고 바라보는 시간을 가졌다. 예쁘고 멋지다고 이야기를 하시면서 그림들을 가지고 이야기를 만들어 내신다. 프로그램 계획에서는 의도하지 않았지만 서로가 이야기를 만들어 가면서 재미있어 하고, 이야기를 잘 못 만들어 내면 쑥스러워하다가도 '～네'로 끝나는 문장을 '냇'으로 시작하는 낱말로 문장을 만드신다(저 달이 나무 사이로 들어왔네.→ 냇가에도 비치나.).

　　이야기를 만들면서 엄마가 생각나서 우시는 분을 보고 옆에 계시는 집단원이 "내가 남자라서 안아 주지는 못하고 치료사가 안아 줘라."라며 배려를 하신다.

　　10회기와 11회기를 통해 본 결과 집단원 대부분은 옛날 일들을 잊지 않고 기억하고 계시는 것 같았다.

■ 12회기: 나에게 주는 메달 수여식

표 10-13 | 5단계: 자기이미지 형성 2

목표	긍정적으로 삶을 정리한다.
기대영역	정서영역
매체	원석, 와이어, 매듭반제, 그동안 작업한 모습이 담긴 PPT 영상
도입	• 오늘 함께 할 내용을 이야기 한다. • 준비한 매체에 대해 이야기를 나눈다.
활동방법	① 원석을 와이어에 마음대로 끼운다. ② 그동안 미술치료활동을 한 모습이 담긴 영상을 본다. ③ 스스로가 매우 열심히 했음을 알고 원석 목걸이를 자신의 목에 걸어준다. ④ 양팔을 교차해서 자신을 안아 두드리며 "수고했다." "멋지다."라고 격려한다.
이야기 나누기	• 그동안 작업을 하면서 느꼈던 점을 이야기 나눈다. • 집단원은 그동안 수고한 서로에게 긍정적인 피드백을 한다.
마무리	• 전체적인 경험에 대해 정리한다. • 다음 회기에 다시 만날 것을 손가락 걸고 약속한 후 다 함께 박수를 치며 마무리 한다. • 마지막 날이므로 다함께 일어서서 파이팅을 외치며 마무리한다.
활동사진	

진행과정

오늘이 마지막 회기임을 말씀드리고 그동안 한 활동사진을 작업하여 보여 드렸다. 자신의 모습과 활동할 때의 사진이 나오면 웃으면서 서로 이야기를 하신다.

작업을 하는 동안 즐거웠던 점을 이야기 나눈 후 그동안 수고한 자신을 칭찬하기로 했다. 양손으로 몸을 감싸 안아 두드리며 "수고했어."라고 했더니 다들 따라 하시며 큰 소리로 이야기하신다.

매 회기마다 스스로를 칭찬하는 활동을 했더니 이젠 집단원 모두가 쑥스러움 없이 자연스럽게 하는 것 같다.

와이어에 원석을 끼워 팔찌를 만들었다. 우리는 그동안 서로 이야기를 소통하고 공감하며 소중한 시간을 가졌기에 친구여서 우정 팔찌를 맞춘 것이라고 했더니 다들 팔을 앞으로 쭉 내밀고 "좋다." "니 말이 맞다." "우리도 이제 똑똑해졌다."라며 행복한 웃음을 짓다.

회기가 진행되는 동안 집단 상호작용이 증가하여 집단 후기에는 자기표현을 많이 하게 되었고, 타인에게 긍정적 피드백을 하게 됨으로써 즐거워하고 편안한 집단 분위기가 조성되어 웃는 모습이 많이 나타났다. 또한 처음에는 손으로 무언가를 하는 것에 있어 자신감 없어 하시더니 점차 미술활동을 하는 속도가 향상되고 작품의 성취감과 만족감이 높아졌다.

2. 성장을 위한 놀이를 접목한 프로그램

　　노년의 삶을 즐기는 기술과 행복한 노년의 삶을 위한 프로그램인 성장을 위한 놀이 프로그램을 시작단계, 중간단계, 종결단계로 나눠 실제 현장에서 사용할 수 있도록 구성하였다.

시작단계

표 10-14 │ 시작단계 프로그램 1

노인놀이영역	창조 놀이
활동명	비눗방울 게임
활동목표	긴장을 이완시킨다.
활동영역	정서영역, 사회성 영역
미술매체	비눗방울놀이 세트(접시, 비눗방울액, 빨대), 신문지, 음악(비눗방울 가사판)
도입	• 오늘 함께할 내용을 이야기한다. • 준비한 미술매체에 대해 이야기를 나눈다.
활동방법	① 비눗방울을 불어 보며 예전에 한 적이 있는지 회상한다. ② 숨을 깊게 쉬는 법을 알려드린 다음 천천히 비눗방울을 불어 숨을 내뱉는 것을 시범 보인다. ③ 신문지를 바닥에 깔고 위, 아래, 왼쪽, 오른쪽 위치에 맞게 비눗방울을 불어 본다. ④ 상대방이 신문지를 들어 주어 간격을 두어 힘껏 비눗방울을 불어보기도 한다. ⑤ 상대의 비눗방울을 받아 본다. ⑥ 비눗방울 놀이를 통해 서로 친숙해진다.
이야기 나누기	• 비눗방울 노래를 부른다. • 비눗방울이라는 가사가 나오면 손뼉을 친다.
마무리	• 전체적인 경험에 대해 정리한다. • 다음 회기에 다시 만날 것을 손가락 걸고 약속한 후 다 함께 박수를 치며 마무리한다.
활동사진	

표 10-15 | 시작단계 프로그램 2

노인놀이영역	예방치료 놀이
활동명	나는? (이름 표현)
활동목표	• 자신의 이름을 꾸밀 수 있다. • 표현능력을 함양한다.
활동영역	감각 · 정서 영역
미술매체	화지, 색채도구
도입	• 오늘 함께할 내용을 이야기한다. • 준비한 미술매체에 대해 이야기를 나눈다.
활동방법	① 화지에 집단원의 이름을 크게 적어서 보여 준다. ② 이름을 함께 읽어 본다. ③ 화지를 덮고 기억나는 이름을 말해 보도록 한다. ④ 집단원이 자신의 이름을 기억할 수 있도록 예쁘게 꾸며보기로 한다. ⑤ 화지에 이름을 적고 꾸민다. ⑥ 완성된 이름을 보여 주며 자신을 소개한다. ⑦ 다시 집단원의 이름이 적힌 화지를 보여 주고 이름을 익히며 좋아하는 것들에 대해 이야기를 나눈다.
이야기 나누기	• 집단원이 좋아하는 것을 인지하고 있는지 이야기를 나눈다. • 즉석으로 집단원이 좋아하는 것을 할 수 있는 것이 있으면 해 보도록 장을 마련한다(예: 노래, 춤).
마무리	• 전체적인 경험에 대해 정리한다. • 어릴 때 밖에서 놀고 있으면 집에서 나를 불렀던 것을 회상하며 자신의 이름을 크게 불러 본다. • 다음 회기에 다시 만날 것을 손가락 걸고 약속한 후 다 함께 박수를 치며 마무리한다.
활동사진	

표 10-16 | **시작단계 프로그램 3**

노인놀이영역	레크레이션 놀이
활동명	나를 소개하기
활동목표	나를 알리고 타인을 안다.
활동영역	정서영역, 사회성 영역
미술매체	8절지, 사인펜, 색연필, 집단원 이름판, 음악(〈당신은 누구십니까?〉 악보)
도입	• 오늘 함께할 내용을 이야기한다. • 준비한 미술매체에 대해 이야기를 나눈다.
활동방법	① 집단원의 이름이 적힌 이름 판을 보며 전체적으로 불러 본다. ② 8절지 화지에 집단원의 이름을 적어 출석부를 만든다. 　(출석부를 만들어 집단원의 이름을 익힐 수 있도록 한다.) ③ 〈당신은 누구십니까?〉라는 노래를 알려 준다. ④ 처음에는 "당신은 누구십니까?"라며 상담사가 손을 뻗으면 자신의 이름을 말해 준다. ⑤ 자신의 이름을 말한 집단원이 옆의 사람에게 손을 뻗으면 "당신은 누구십니까?"라고 노래를 불러 릴레이 형식으로 집단원 모두가 이름을 알릴 수 있도록 한다. ⑥ 다음 회기에도 만나자며 〈꼭꼭 약속해〉노래를 한다.
이야기 나누기	• 노래에 맞춰 자신을 소개한 느낌에 대해 이야기하고 기억에 남는 이름과 집단원을 찾아본다.
마무리	• 전체적인 경험에 대해 정리한다. • 다음 회기에 다시 만날 것을 손가락 걸고 약속한 후 다 함께 박수를 치며 마무리한다. (손이 자연스럽게 맞닿아 상호 교류할 수 있는 활동이다.)
활동사진	

중간단계

표 10-17 중간단계 프로그램 1

노인놀이영역	창조 놀이, 레크레이션 놀이
활동명	너랑 나랑
활동목표	우리 가락에 맞춰 신체를 움직일 수 있다.
활동영역	정서영역, 사회성 영역, 신체 · 운동 영역
미술매체	보자기, 풍선, 음악(〈밀양 아리랑〉 악보), 소고
도입	• 오늘 함께할 내용을 이야기한다. • 준비한 미술매체에 대해 이야기를 나눈다.
활동방법	① 〈밀양아리랑〉 노래를 부르며 소고를 두드린다. ② 자유롭게 몸을 움직여 본다. ③ 집단원 각자 보자기를 들고 음악에 맞춰 흔들어 본다. ④ 보자기를 집단원이 짝을 이루어 양쪽으로 잡고 풍선을 떨어뜨리지 않고 노래를 부르며 몸을 움직인다.
이야기 나누기	• 다양한 방법으로 민요를 부른 느낌에 대해 이야기를 나눈다.
마무리	• 전체적인 경험에 대해 정리한다. • 다음 회기에 다시 만날 것을 손가락 걸고 약속한 후 다 함께 박수를 치며 마무리한다.
활동사진	

표 10-18　중간단계 프로그램 2

노인놀이영역	레크레이션 놀이
활동명	우리 집에 왜 왔니?
활동목표	나와 타인의 모습 바라보기 / 자신의 감정을 표현하는 능력을 함양한다.
활동영역	감각 · 정서 영역, 사회성 영역
미술매체	물뿌리개, 물
도입	• 오늘 함께할 내용을 이야기한다. • 준비한 미술매체에 대해 이야기를 나눈다.
활동방법	① 넓은 공간에서 〈우리 집에 왜 왔니?〉 노래를 부르며 게임을 한다. ② 게임이 끝난 후 각 팀끼리 모여 물뿌리개로 꽃밭을 꾸민다. 　(물뿌리개 대신 음료 페트병이나 케첩 등의 용기도 사용이 가능하다.) ③ 각자의 꽃밭을 꾸민 후 감상한다.
이야기 나누기	• 집단원은 서로의 꽃밭을 보며 자신이 가꾸는 꽃에 대해 이야기를 나눈다. • 신체놀이와 그림그리기를 통해 즐거웠던 일에 대해 이야기를 나눈다.
마무리	• 전체적인 경험에 대해 정리한다. • 다음 회기에 다시 만날 것을 손가락 걸고 약속한 후 다 함께 박수를 치며 마무리한다.
활동사진	

표 10-19 중간단계 프로그램 3

노인놀이영역	레크레이션 놀이, 예방치료 놀이
활동명	내가 사는 곳은…
활동목표	내가 사는 곳을 알고 소개할 수 있다.
활동영역	사회성 영역, 지각 영역
미술매체	우리나라 지도 퍼즐, 우리나라 지도, 지휘봉, 색연필, 네임펜, 음악(〈서울 대전 대구 부산〉 악보)
도입	• 오늘 함께할 내용을 이야기한다. • 준비한 미술매체에 대해 이야기를 나눈다.
활동방법	① 집단원이 사는 곳에 대해 이야기를 나눈다. ② 〈서울 대전 대구 부산〉 노래를 신명나게 불러 본다. ③ 집단원이 가 보았던 곳, 가보고 싶은 곳에 대해 이야기를 나눈다. ④ 우리나라 8도가 있는 지도 퍼즐을 꾸며 준다. ⑤ 완성된 퍼즐에서 도를 말하며 한 개씩 뽑는다. ⑥ 빼낸 퍼즐을 맞춰 본다.
이야기 나누기	• 〈서울 대전 대구 부산〉 노래를 부르며 그 도시가 있는 '도'를 짚어본다.
마무리	• 전체적인 경험에 대해 정리한다. • 다음 회기에 다시 만날 것을 손가락 걸고 약속한 후 다 함께 박수를 치며 마무리한다.
활동사진	

표 10-20 **중간단계 프로그램 4**

노인놀이영역	창조 놀이
활동명	내가 잘하는 것
활동목표	• 자기통제력을 향상시킨다. • 긍정적으로 삶을 정리한다.
활동영역	정서영역
미술매체	김밥 만들기(김, 밥, 단무지, 햄, 어묵, 시금치 등) 재료, 일회용 장갑, 도마, 칼 등
도입	• 자신이 잘하는 요리에 대해 이야기를 나눈 후 오늘 함께할 내용을 이야기한다. • 준비한 미술매체에 대해 이야기를 나눈다.
활동방법	① 밥에 식초, 소금, 깨소금, 참기름 등을 넣어 양념을 한다. ② 김 위에 밥을 펴서 올린 후 단무지, 햄, 어묵, 시금치 등을 차례로 올린다. 　(김발을 필요로 하시는 분들에겐 제공한다.) ③ 김밥을 돌돌 말아 본다. ④ 김밥을 예쁘게 썰어 본다. ⑤ 함께 맛있게 나눠 먹으며 오늘 한 활동에 대해 이야기 나눈다.
이야기 나누기	• 평소 자신이 만든 김밥에 대해 이야기 나눈다. • 과거에 김밥을 만들어 나눠 먹은 것과 김밥을 싸서 놀러간 것을 이야기한다.
마무리	• 맛있게 나눠 먹는다. • 전체적인 경험에 대해 정리한다. • 오늘 활동한 내용을 리뷰한다.
활동사진	

표 10-21 **중간단계 프로그램 5**

노인놀이영역	창조 놀이
활동명	나의 일상
활동목표	• 자기표현을 한다. • 지남력을 향상시킨다.
활동영역	감각 · 정서 영역
미술매체	클레이, 시계 부속, 시계틀
도입	• 오늘 함께할 내용을 이야기한다. • 준비한 미술매체에 대해 이야기를 나눈다.
활동방법	① 자신의 일상을 이야기한다. 　(아침, 점심, 저녁으로 구분하여 이야기를 한다.) ② 시계틀을 클레이로 마음껏 꾸민다. ③ 시계 부속을 끼운다. ④ 시간을 돌려 현재 시간을 맞춰 본다. ⑤ 시간별 일상을 나눈다. 　(①의 내용을 시간별로 나누어 이야기를 나눈다.)
이야기 나누기	• 시간별로 일상을 나누며 자신과 집단원의 차이 또는 공통점에 대해 이야기를 　나눈다. • 만든 작품에 대해 이야기를 나누고 서로에게 긍정적인 피드백을 한다.
마무리	• 전체적인 경험에 대해 정리한다. • 다음 회기에 다시 만날 것을 손가락 걸고 약속한 후 다 함께 박수를 치며 마무 　리한다.
활동사진	

표 10-22 중간단계 프로그램 6

노인놀이영역	창조 놀이, 레크레이션
활동명	우리는 모델(패션쇼)
활동목표	• 자기통제력을 향상시킨다. • 사회성을 향상시킨다.
활동영역	정서영역, 사회성 영역
미술매체	신문지, 다양한 옷, 테이프, 음악
도입	• 오늘 함께할 내용을 이야기한다. • 준비한 미술매체에 대해 이야기를 나눈다.
활동방법	① 직접 모델이 되어 워킹을 해 본다. ② 신문지를 찢는다. ③ 신문지로 몸, 다리, 팔 등을 만들어 테이프로 붙여 연결한다. ④ 자신이 만든 모델에게 옷을 입힌다. ⑤ 음악을 틀고 조별로 만든 모델로 워킹을 한다.
이야기 나누기	• 워킹을 해 보고 난 후 느낌을 이야기한다. • 만든 작품에 대해 이야기를 나누고 서로에게 긍정적인 피드백을 한다. • 패션쇼의 피날레 사진을 찍는다.
마무리	• 전체적인 경험에 대해 정리한다. • 다음 회기에 다시 만날 것을 손가락 걸고 약속한 후 다 함께 박수를 치며 마무리한다.
활동사진	

종결단계

표 10-23 종결단계 프로그램 1

노인놀이영역	예방치료놀이
활동명	내 얼굴
활동목표	자신의 변화된 모습을 인식한다.
활동영역	인지 · 정서 영역
미술매체	식빵, 다양한 크기의 과자류, 김
도입	• 오늘 함께할 내용을 이야기한다. • 준비한 미술매체에 대해 이야기를 나눈다.
활동방법	① 식빵으로 도형(세모, 네모, 동그라미 등)을 만들어 본다. ② 도형으로 눈, 코, 입을 표현할 수 있다. ③ 형태와 눈, 코, 입의 위치를 익히고 다양한 크기의 과자류와 김으로 자신의 얼굴을 꾸민다. ④ 완성된 얼굴을 보며 "예쁘다."라고 말을 해 본다. ⑤ 다같이 〈사과 같은 내 얼굴〉 노래를 부른다.
이야기 나누기	• 자신의 모습을 보며 떠오르는 추억이나 좋은 점에 대해 이야기를 나눈다. • 만든 작품에 대해 이야기를 나누고 서로에게 긍정적인 피드백을 한다.
마무리	• 전체적인 경험에 대해 정리한다. • 다음 회기에 다시 만날 것을 손가락 걸고 약속한 후 다 함께 박수를 치며 마무리한다.
활동사진	  

표 10-24 종결단계 프로그램 2

노인놀이영역	치료 놀이
활동명	나의 소망은…
활동목표	• 자기통제력을 향상시킨다. • 긍정적으로 삶을 정리한다.
활동영역	정서영역
미술매체	도화지, 클레이, LED조명, 연필, 색채도구
도입	• 오늘 함께할 내용을 이야기한다. • 준비한 미술매체에 대해 이야기를 나눈다.

활동방법	① 자신의 소망에 대해 이야기를 나눈다.
	② 집단원의 소망을 듣고 공통점을 찾아본다.
	  (타인의 이야기를 이해하고 있는지 살펴본다.)
	③ 자신의 소망이 이루어지길 바라는 마음으로 도화지에 연꽃을 그리고 색칠을 한다.
	④ 밑받침과 달에 클레이를 붙인다.
	⑤ ③을 LED조명 위에 붙인다.
	⑥ 완성된 연꽃 조명을 바라보며 소원을 큰 목소리로 말해 본다.
	  ("이루어져라~소원아! 내 소원은 ○○○○이다.")

이야기나누기	• 자신의 소망이 이루어졌다고 생각하고 느껴지는 감정에 대해 이야기를 나눈다. • 예전에 하고 싶었던 일들을 생각해 본다. 앞으로 하고 싶은 일들을 이야기하며 서로 이루어지길 바라는 마음으로 응원해 준다.
마무리	• 전체적인 경험에 대해 정리한다. • 오늘 활동한 내용을 리뷰한다.
활동사진	

표 10-25 **종결단계 프로그램 3**

노인놀이영역	치료 놀이
활동명	나의 소망 나무
활동목표	• 자기통제력을 향상시킨다. • 긍정적으로 삶을 정리한다.
활동영역	정서영역
미술매체	나무판자, 다양한 색의 실, 못, 망치, LED전구
도입	• 오늘 함께할 내용을 이야기한다. • 준비한 미술매체에 대해 이야기를 나눈다.
활동방법	① 자신의 소망에 대해 이야기를 나눈다. ② 나무판자에 망치로 못을 박는다. 　(손의 힘이 약해 못을 박는 것을 힘들어하므로 미리 못을 박아 둔다.) ③ 박은 못을 중심으로 LED전구를 감는다. ④ LED전구를 감은 후 색실을 감는다. ⑤ 완성 후 불을 켠다. ⑥ 완성된 조명을 바라보며 조용히 소망을 빌어 본다.
이야기 나누기	• 자신의 소망을 집단원에게 이야기한 후 긍정적인 피드백을 받는다. • 자신의 소망과 타인의 소망을 비교하여 들어 본다.
마무리	• 전체적인 경험에 대해 정리한다. • 자신의 소망이 하늘에 들리게 큰 소리로 말한다. • 양팔로 자신을 안아 소망이 이루어질 것이라고 쓰담쓰담해 준다.
활동사진	

3. 치유를 위한 놀이를 접목한 프로그램

시작단계

표 10-26　시작단계 프로그램 1

노인놀이영역	창조 놀이
활동명	알에서 깨어난 나
활동목표	• 자기통제력을 향상시킨다. • 긍정적으로 삶을 정리한다.
활동영역	정서영역, 감각영역
미술매체	다양한 색의 계란 그림, 색연필, 가위, A4용지, 풀
도입	• 오늘 함께할 내용을 이야기한다. • 준비한 미술매체에 대해 이야기를 나눈다.
활동방법	① 원하는 색의 계란 그림을 고른다. ② 엄마 배 속에 있던 자신을 생각하며 계란 속에 들어가 있는 모습을 상상해 본다. ③ 알에서 깨어 나오기 위해 어떤 행동을 취해야 하는지 표현해 본다. ④ 알에서 깨어 나오면 어떤 모습일지 생각해 본다. ⑤ 계란 그림을 가위로 오린다. ⑥ 오린 계란 뒷면에 자신이 깨어나왔을 때 본 풍경 등을 그린다. ⑦ 깨어 나온 모습을 표현하기 위해 계란 그림을 몇 조각 더 오린다. 　－자유롭게 오려도 되지만 수리력을 위해 개수를 정해서 오리도록 한다. 　－뒷면에 풍경을 꾸미지 않고 오린 계란 그림으로 사람 모양 만들어 보기 등 　　다양한 방법으로 응용이 가능하다. ⑧ A4용지에 오린 계란을 모양으로 만들어서 붙인다.
이야기 나누기	• 계란(알)에서 깨어나올 때의 느낌에 대해 이야기를 나눈다.
마무리	• 전체적인 경험에 대해 정리한다.
활동사진	

표 10-27 **시작단계 프로그램 2**

노인놀이영역	창조 놀이, 레크레이션 놀이
활동명	나의 살던 고향은
활동목표	밝고 즐거웠던 시절을 회상하여 표현할 수 있다.
활동영역	정서영역, 사회성 영역, 언어문학영역
미술매체	8절지, 연필, 지우개, 색연필, 네임펜, 유성매직, 음악(나의 살던 고향 악보)
도입	• 오늘 함께할 내용을 이야기한다. • 준비한 미술매체에 대해 이야기를 나눈다.
활동방법	① 〈나의 살던 고향〉 노래를 함께 불러본다. ② 집단원 각자의 고향에 대한 추억을 이야기한다. ③ 자신의 고향에 대한 느낌을 〈나의 살던 고향〉 노랫말에 넣어서 지어본다. 　("나의 살던 고향은 ○○○산골…….") ④ 8절지에 적은 시에 그림도 함께 그려본다.
이야기 나누기	• 집단원이 지은 글을 읽어 본다. • 집단원의 작품을 벽에 붙이고 시화전을 꾸며 본다.
마무리	• 전체적인 경험에 대해 정리한다. • 다음 회기에 다시 만날 것을 손가락 걸고 약속한 후 다 함께 박수를 치며 마무리한다.
활동사진	

표 10-28	시작단계 프로그램 3
노인놀이영역	레크레이션 놀이, 예방치료 놀이
활동명	퐁당퐁당
활동목표	빠르게 느리게 속도감, 리듬감을 익혀 타인과의 상호작용을 할 수 있다.
활동영역	정서영역, 사회성 영역, 신체운동영역
미술매체	신문지, 음악(〈퐁당퐁당〉 악보)
도입	• 오늘 함께할 내용을 이야기한다. • 준비한 미술매체에 대해 이야기를 나눈다.
활동방법	① 신문지를 활용하여 공을 만들 수 있는 방법에 대해 이야기를 나눈다. ② 신문지를 넓게 펴서 결대로 찢어 본다. ③ 찢은 신문지를 구겨서 공을 만든다. ④ 단단하게 작은 공으로 뭉쳐 본다. ⑤ 자신이 만든 공을 어떻게 던지면 물이 퍼져 나갈까에 대해 이야기를 나눈다. ⑥ 두 사람씩 마주 앉아 자신의 공을 번갈아 주고받으며 〈퐁당퐁당〉 노래에 맞춰 공을 전달한다. ⑦ 노래에 속도감을 주어 공을 주고받는 활동도 한다. ⑧ 집단원 전체가 공을 건네면서 노래 부른다.
이야기 나누기	• 다양한 방법으로 노래를 부른 느낌에 대해 이야기를 나눈다.
마무리	• 전체적인 경험에 대해 정리한다. • 다음 회기에 다시 만날 것을 손가락 걸고 약속한 후 다 함께 박수를 치며 마무리한다.
활동사진	

중간단계

표 10-29 **중간단계 프로그램 1**

노인놀이영역	레크레이션 놀이, 예방치료 놀이
활동명	시 감상과 재구성
활동목표	• 내적 심상을 표현할 수 있다. • 스스로 시를 만들어 성취감을 향상시킨다.
활동영역	정서영역, 언어문학영역
미술매체	〈나의 살던 고향〉 가사집(판으로 제작함), 필기구
도입	• 오늘 함께할 내용을 이야기한다. • 준비한 미술매체에 대해 이야기를 나눈다.
활동방법	① 지난회기에 했던 〈나의 살던 고향〉 노래를 부르고 가사 집을 함께 읽어 본다. ② 노래 가사 판에 빈칸을 만들어 보여 주면서 빈칸에 들어가면 좋을 것을 생각할 수 있도록 유도한다. ③ '내가 좋아하는 것'이라는 주제로 시를 지어본다. 　(아주 간단한 내용이라도 시를 읽고 적어보는 것은 노인의 정서적 감동과 성취감을 향상시킬 수 있다.) ④ 시를 큰 목소리로 읽어 본다.
이야기 나누기	• 자신이 작성한 시를 읽은 후의 느낌을 나눈다.
마무리	• 전체적인 경험에 대해 정리한다. • 다음 회기에 다시 만날 것을 손가락 걸고 약속한 후 다 함께 박수를 치며 마무리한다.
활동사진	

표 10-30 　중간단계 프로그램 2

노인놀이영역	예방치료 놀이
활동명	손으로 이야기해요
활동목표	• 나와 타인의 모습 바라본다. • 자신의 감정을 표현하는 능력을 함양한다.
활동영역	감각 · 정서 영역
미술매체	물풀, 다양한 색의 클레이, 리뉴, 베이킹소다, 볼, 막대, 꾸미기 재료
도입	• 오늘 함께할 내용을 이야기한다. • 준비한 미술매체에 대해 이야기를 나눈다.
활동방법	① 핸드크림 또는 바디크림을 책상 위에 듬뿍 부어 준다. ② 손가락과 손바닥을 이용하여 크림위에 그림을 그린다. 　(도형, 나무, 꽃, 풍경 등을 차례로 한 다음 사람을 그리도록 한다.) 　Tip) 각 그림을 그릴 때 마다 서로 나누는 시간을 가져도 된다. ③ 자신을 그리게 한 후 조원이 돌아가며 보도록 한다. ④ 자신이 표현한 것과 다른 집단원이 표현한 것에 대해 이야기를 나눈다. ⑤ 마주보고 있는 집단원의 손을 잡는다. ⑥ 아무 말을 하지 않고 마음 속으로 상대에게 하고 싶은 말을 하며 손을 마사지한다. ⑦ 서로가 어떤 말을 했을지 이야기를 나눈다.
이야기 나누기	• 집단원들은 말을 하지 않고 서로의 감정을 나눈다. • 손에서 느껴지는 따뜻한 에너지를 경험한다.
마무리	• 전체적인 경험에 대해 정리한다. • 다음 회기에 다시 만날 것을 손가락 걸며 다함께 박수를 치며 마무리한다.
활동사진	

표 10-31 **중간단계 프로그램 3**

노인놀이영역	예방치료 놀이
활동명	휴식
활동목표	• 자기통제력 향상 및 일상생활의 여유로움을 찾는다. • 오감능력을 향상시킨다.
활동영역	정서영역, 시지각영역
미술매체	커피, 커피콩, 파레트, 세필, 화지, 물통(물), 붓을 닦을 걸레
도입	• 오늘 함께할 내용을 이야기한다. • 준비한 미술매체에 대해 이야기를 나눈다.
활동방법	① 커피콩의 생김새와 냄새를 맡으며 재료를 탐색한다. 　－미리 커피를 녹여 액을 만들어 놓으면 편하다. 　－티스푼으로 가루커피 10순가락을 종이컵 반 정도의 물에 녹인다. ② 화지에 원하는 그림을 그린다. 　(화지에 미리 그림을 그려서 제공해도 무방하다.) ③ 파레트에 녹인 커피를 담아 필요에 따라 물을 조절하면서 색칠한다. ④ 선택에 따라 커피콩으로 장식을 해도 된다. 　－작업 중에 커피를 마시면서 해도 무방하다. 　－액자 같은 틀에 완성해 준다.
이야기 나누기	• 작업 중에 나는 커피향에 대해 이야기를 나눈다. • 평소 자신을 위한 여유시간을 어떻게 보내는지 이야기를 나눈다.
마무리	• 전체적인 경험에 대해 정리한다. • 자신을 좀더 사랑하면서 건강하게 살아갈 것에 대해 손가락 걸고 약속한다.
활동사진	

표 10-32 중간단계 프로그램 4

노인놀이영역	창조 놀이
활동명	자연 속의 나
활동목표	• 심리적 이완 상태를 유지한다. • 자기통합 및 창의력을 자극한다.
활동영역	감각 · 사회성 영역
미술매체	판넬, 아크릴 물감, 냅킨, 잡지, 가위, 목공풀, 붓
도입	• 오늘 함께할 내용을 이야기한다. • 준비한 미술매체에 대해 이야기를 나눈다.
활동방법	① 아크릴 물감을 판넬에 칠한다. ② 물감이 마르는 동안 원하는 모양으로 냅킨을 오린다. ③ 판넬에 목공풀을 칠한다. ④ 냅킨의 3겹 중 그림이 그려진 1겹을 ③에 올린다. ⑤ 붓으로 가볍게 칠하듯이 접착시킨다. ⑥ 원하는 그림을 잡지에서 오려 붙인다.
이야기 나누기	• 자신이 표현한 그림 속에 내가 있다고 상상한 후 느낌에 대해 이야기를 나눈다. • 만든 작품에 대해 이야기를 나누고 서로에게 긍정적인 피드백을 한다.
마무리	• 전체적인 경험에 대해 정리한다. • 다음 회기에 다시 만날 것을 손가락 걸고 약속한 후 다함께 박수를 치며 마무리한다.
활동사진	

표 10-33 | 중간단계 프로그램 5

노인놀이영역	창조 놀이, 레크레이션 놀이
활동명	나는 패션모델! 나는 패션디자이너!
활동목표	• 자기통제력을 향상시킨다. • 긍정적으로 삶을 정리한다. • 타인과의 정서 교류 및 배려를 한다.
활동영역	정서영역, 감각영역
미술매체	다양한 색의 한지, 다양한 색의 천, 끈, 가위, 테이프
도입	• 오늘 함께할 내용에 대해 이야기한다. • 준비한 미술매체에 대해 이야기를 나눈다.
활동방법	① 이곳에 오기까지 자신이 한 행동에 대해 이야기를 나눈다. ② 짝을 정한다. 　(게임을 통해 짝을 정할 수도 있고, 남자 분이 앞에 서 있으면 여자 분이 그 뒤에 서서 선택하는 등의 방법을 사용할 수도 있다.) ③ 다양한 색의 한지와 천을 활용하여 코디를 하는 방법에 대해 이야기를 나눈다. ④ 색 인지 활동이 끝난 후 서로의 짝을 예쁘게 꾸며 준다. ⑤ 모델과 디자이너가 함께 나와 인사를 나눈 후 런웨이를 한다. 　(처음부터 적극적이지 않으므로 치료사의 적극적인 접근이 필요하다.)
이야기 나누기	• 모델과 디자인의 장점에 대해 이야기 나누고 치료사에 대한 감사함을 표현할 수 있다.
마무리	• 전체적인 경험에 대해 정리한다.
활동사진	

표 10-34	중간단계 프로그램 6
노인놀이영역	예방치료 놀이
활동명	나의 걱정은…
활동목표	• 자기통제력을 향상시킨다. • 사회성을 향상시킨다. • 문제해결능력을 향상시킨다.
활동영역	정서영역
미술매체	실, 두꺼운 종이(마분지, 폐지 등), 가위, 뿅뿅이(크기를 다양하게), 이쑤시개, 테이프, 사인펜
도입	• 오늘 함께할 내용을 이야기한다. • 준비한 미술매체에 대해 이야기를 나눈다.
활동방법	① 자신을 힘들게 하거나 머리를 아프게 하는 걱정은 무엇이 있는지 이야기한다. ② 나의 고민이나 걱정거리를 누군가 나눠 가져간다고 상상을 해 본다. ③ 자신만의 걱정인형을 만들어 보기로 한다. ④ 종이를 반으로 접어 위, 옆을 자르고 그 사이에 이쑤시개로 팔과 다리를 만들어 준다. ⑤ 실과 뿅뿅이를 이용해 걱정인형을 표현한다. ⑥ 사인펜으로 눈, 코, 입을 표현한다. ⑦ 완성 후 걱정인형에게 자신의 고민을 이야기한다.
이야기 나누기	• 서로의 고민을 이야기하고 서로 간에 해결방법을 피드백한다.
마무리	• 전체적인 경험에 대해 정리한다. • 다음 회기에 다시 만날 것을 손가락 걸고 약속한 후 다 함께 박수를 치며 마무리한다.
활동사진	

종결단계

표 10-35 종결단계 프로그램 1

노인놀이영역	창조 놀이
활동명	나의 상처
활동목표	마음에 담아 둔 스트레스를 발산 및 승화한다.
활동영역	정서 · 감각 영역
미술매체	나무판자, 망치, 못, 실, 잔잔한 음악
도입	• 오늘 함께할 내용을 이야기한다. • 준비한 미술매체에 대해 이야기를 나눈다.
활동방법	① 나무의 향을 맡아 보고, 손으로 만지며 느낌을 이야기한다. ② 가슴을 어루만지며 마음이 아리고 아픈 곳이 있는지 살펴본다. ③ 자신을 힘들게 하는 것, 아프게 하는 것을 생각하며 나무판자에 못을 박는다. ④ 박은 못에 실을 매어 본다. (아픈 마음에 약을 바른다 생각하고 실을 두른다.) ⑤ 두른 것을 보니 어떤 것이 생각나는지 이야기를 나눈다.
이야기 나누기	• 서로의 상처를 공감하며 소통한다. • 만든 작품에 대해 이야기를 나누고 서로에게 긍정적인 피드백을 한다.
마무리	• 전체적인 경험에 대해 정리한다. • 다음 회기에 다시 만날 것을 손가락 걸고 약속한 후 다 함께 박수를 치며 마무리한다.
활동사진	

표 10-36	종결단계 프로그램 2
노인놀이영역	예방치료 놀이, 치료 놀이
활동명	나의 향기
활동목표	• 심리적 이완 상태를 유지한다. • 자기통합 및 창의력을 자극한다.
활동영역	감각 · 사회성 영역, 정서영역
미술매체	유리병(음료수 병), 냅킨, 클레이, 디퓨저 용액, 디퓨저 스틱, 물티슈, 가위, 실
도입	• 오늘 함께할 내용을 이야기한다. • 준비한 미술매체에 대해 이야기를 나눈다.
활동방법	① 내가 가장 좋아하는 향기에 대해 이야기를 나눈다. ② 자신의 향기를 담을 수 있는 병을 만들어 보기로 한다. ③ 가위로 냅킨의 문양을 오린다. ④ 유리병에 클레이를 붙인다. ⑤ 냅킨 문양(3겹 중에 그림이 있는 1겹만)을 ④에 붙인 후 물티슈로 붙여 준다. 　(실을 준비하여 꾸밀 수 있도록 한다.) ⑥ 꾸민 유리병에 디퓨저 용액을 붓는다. ⑦ 디퓨저 스틱을 꽂아 완성한다.
이야기 나누기	• 자신의 향기를 담은 병을 누구에게 주고 싶은지 또는 어디에 두고 싶은지에 대해 이야기를 나눈다. • 아름다운 향을 유지하기 위해서 해야 할 일은 무엇이 있는지 이야기 나눈다.
마무리	• 전체적인 경험에 대해 정리한다. • 다음 회기에 다시 만날 것을 손가락 걸고 약속한 후 다 함께 박수를 치며 마무리한다.
활동사진	

표 10-37 **종결단계 프로그램 3**

노인놀이영역	창조놀이, 예방놀이
활동명	너와 나의 감정
활동목표	• 자기통제력을 향상시킨다. • 타인의 감정을 안다. • 사회성을 향상시킨다.
활동영역	정서영역
미술매체	감정카드, 화지, 연필
도입	• 오늘 함께할 내용을 이야기한다. • 준비한 미술매체에 대해 이야기를 나눈다.
활동방법	① 감정카드를 10장씩 나누어 갖는다. ② 옆의 사람에게 알맞은 카드를 준다. 　-왼쪽부터 시작하였다면 다음에는 오른쪽 사람에게 카드를 준다. 　-카드를 줄 때에는 상황이나 느낌을 표현하면서 전달한다. ③ ②의 반대편의 사람에게 감정카드를 준다. ④ 주고 싶은 집단원에게 카드를 준다. ⑤ 집단원에게 받은 카드를 살펴본 후 가장 마음에 드는 카드를 선택한다. ⑥ 선택한 카드에 자신의 이름을 쓰고 큰 소리로 읽어 본다. ⑦ 집단원에게 자신의 카드를 보여 주면 집단원이 다시 한 번 이름을 부르면서 크게 읽어 준다. ⑧ 집단원이 말한 내용을 화지에 적어서 자신만의 카드로 꾸민다.
이야기 나누기	• 짝과 함께 만든 카드를 보며 이야기를 나눈다. • 만든 작품에 대해 이야기를 나누고 서로에게 긍정적인 피드백을 한다.
마무리	• 전체적인 경험에 대해 정리한다. • 다음 회기에 다시 만날 것을 손가락 걸고 약속한 후 다 함께 박수를 치며 마무리한다.
활동사진	

참고문헌

NH 투자증권 100세 시대연구소(2015). 통계청 사회조사.

김광용, 김기수(2004). 인터넷 설문조사의 방법론적인 문제점과 데이터마이닝 기법을 활용한 개인화된 인터넷설문조사 시스템의 구축. 품질경영학회지, 32(2), 93-108.

김애순(2004). 성인발달과 생애설계. 서울: 시그마프레스.

김영숙, 도복늠(2005). 회상을 적용한 집단미술치료프로그램이 치매노인의 인지기능, 우울과 삶의 질 향상에 미치는 효과. 미술치료연구, 12(1), 485-500.

김영희(1995). 아동의 놀이성 군 확인과 관련변인 탐색연구. 숙명여자대학교 대학원 박사학위논문.

김영회(2002). 저소득층 청소년의 학교생활 적응에 관한 연구. 한국지역사회생활과학회지, 13(1), 1-14.

김은혜(2003). 댄스스포츠 참가자 스트레스, 사회적지지 및 정신건강에 미치는 영향. 한국체육학회지, 42(5), 121-133.

김홍록(2003). 노인의 레크레이션 활동을 위한 복지시설의 정책방안에 관한 연구. 한국여가레크리에이션학회, 25, 129-144.

나항진(2002). 성공적 노화를 위한 노인의 여가에 관한 연구. 노인복지연구, 18(1), 131-163.

나항진(2003a). 노인교육기관의 요구분석에 관한 연구. 노인복지연구, 19, 145-171.

나항진(2003b). 서울지역 노인들의 여가의식에 관한 연구. 노인복지연구, 22, 35-53.

노상은, 전남희(2018). 노인 여가 복지 프로그램의 효과성 검증 연구 동향 분석. 한국케어매니지먼트연구, 26, 111-134.

노용구(2006). 노인의 심리 및 사회적응력 향상을 위한 치료레크리에이션 프로그램 개발 연구. 한국여가레크리에이션학회, 30(2), 77-88.

미국통계국(2015). 늙어가는 세계: The aging world 2015 보고서.

박기남(2005). 성별·지역별 특성에 따른 노인의 삶의 만족도 연구. 여성연구, 5-34.

박상렬(2008). 노인종합복지관의 레크레이션 프로그램 활성화 방안에 대한 연구. 동국대학교 대학원 미간행 석사학위논문.

방은령(2009). 놀이의 의미와 치료 및 성장을 위한 활용. 놀이치료연구, 12(4), 1-17,

박진이(1999). Igor Stravinsky 의 canticum sacrum에 대한 분석 연구.

박희현, 송민선(2010). 내용분석을 통한 노인의 놀이 특성. 인간발달연구, 17, 37-50.

백진호, 현승권(2005). 노인의 건강행동과 삶의 질에 대한 고찰. 코칭능력개발지, 7(2), 13-24.

서울시50플러스재단(2018). 서울시 고령층(65세 이상) 여가활동조사.

송영혜(1997). 놀이치료 이론들의 고찰. 놀이치료연구. 한국아동심리재활학회, 1.

송영혜(2002). 놀이치료사 훈련모형 개발을 위한 고찰. 정서·학습장애연구, 18(2), 1-14.

신성환(2009). 디지털 호모 루덴스, 놀이하는 삶과 문화적 혁신. 한국언어문화, 38, 196.

신미식(2005). U3A(the University of the Third Age)가 한국 노인교육에 주는 시사점. 평생교육학연구, 11(3), 127-149.

신미식(2007). 한국 여성노인의 문해교육 현황과 정책. 한국동북아논총, 12(4), 261-284.

신혜원(2009a). 노인놀이치료. 경기: 공동체.

신혜원(2009b). 노인놀이치료의 통합적 콘텐츠 개발에 관한 연구. 고려대학교 대학원 박사학위논문.

오근재(2014). 퇴적 공간: 왜 노인들은 그곳에 갇혔는가. 서울: 민음인.

이경희(2003). 노인복지관 사회교육 프로그램 참여 노인들의 교육욕구와 사회참여욕구.

이상훈(2010). 1만 시간의 법칙. 경기: 위즈덤하우스.

이선자(1992). 노인여성건강. 한국여성학회 제8차.

이순형(2009). 한국 아동의 일상생활 문화. 서울: 서울대학교 출판부.

이은해(1999). 아동의 친구관계에 관한 연구. 아동학회지, 20(3), 77-95.

이은해, 지혜련, 이숙재 편역(1990). 놀이 이론. 서울: 창지사.

이종영(2005). 스포츠사회학: 노인의 여가활동 참가가 성공적 노화를 위한 사회심리적 인지메커니즘에 미치는 영향. 한국체육학회지: 인문사회과학, 44(3), 167-183.

전은미(2007). 치료레크리에이션 프로그램이 치매노인의 인지기능과 우울, 자아존중감에 미치는 영향. 대전대학교 대학원 석사학위논문.

정경희, 한경혜, 김정석, 임정기(2006). 노인문화의 현황과 정책적 함의: '성공적 노화' 담론에 대한 비판적 검토를 중심으로. 서울: 한국보건사회연구원.

정여주(2005). 노인미술치료 프로그램개발을 위한 기초연구. 한국노년학, 25(1), 73-86.

정현희, 이은지(2010). 실제적용중심의 노인미술치료. 서울: 학지사.

주용국(2009). "상담일반: 노인다움" 노화지원을 위한 상담, 교육 모형의 개발. 상담학연구, 10(1), 17-42.

채종옥, 이경화, 김소양(2004). 유아와 놀이: 이론과 실제. 경기: 양서원.

채준안, 이준우(2007). 치료 레크레이션의 이해와 실천. 서울: 파란마음.

최광현(2007). 노인 내담자를 위한 체계적 가족상담적 접근. 한국기독교상담학회지, 14, 235-259.

최석란(2005). 놀이와 유아발달. 경기: 양서원.

최성재, 장인협(2004). 노인복지학. 서울: 서울대학교 출판부.

최영란(2002). 전통놀이 문화의 이론과 실제. 대구: 서울기획.

최외선, 김갑숙, 전종국, 최윤숙(2016). 집단미술치료: 주제와 활동에 대한 안내서. 서울: 학지사.

최외선, 이근매, 김갑숙, 최선남, 이미옥(2007). 마음을 나누는 미술치료. 서울: 학지사.

최항석(2002). 여가를 위한 안드라고지. *Andragogy Today*, 5, 73-93.

최해경(2016). 노인복지론. 서울: 학지사.

타쿠마 타케도시(1995). 행복한 노후를 위한 좋은 습관. (서혜경, 윤춘정 공역). 서울: 동인.

하용현(2012). 호모헌드레드 시대의 재테크. 대한토목학회지, 60(5), 98-100.

한국보건사회연구원(2002). www.kihasa.re.kr.

한국보건사회연구원(2005). 2004 전국 노인생활실태 및 복지욕구조사.

한국보건사회연구원(2016). 고령 1인 가구 거주자의 생활현황 연구.

한국심성교육개발원(2009). 미술치료의 이론과 실제. 서울: 한국심성교육개발원.

한국여성정책연구원(2016). 황혼육아.

한국임상사회사업학회(2004). 노인복지론. 경기: 양서원.

한숙자(2002). 미술치료에 관한 이론적 고찰. 교수논문집, 6, 234-267.

한혜경(2015). 노인도 성장한다: 〈꽃보다 할배〉가 보여준 노년 성장의 조건들. 인문사회과학연구, 16(2), 431-462.

홍숙자, 이영은(2008). 치료레크레이션을 활용한 노인자아통합 교육프로그램 개발과 효과에 관한 연구. 한국생활과학회지, 17(4).

황남희(2015). 노인의 여가활동과 정책과제. 보건복지포럼, 57-67.

황진수(1997). 노인여가문화정책의 활성화 방안. 노인여가의 현황과 과제. 서울: 한국노인문제연구소.

Abbot, W. J. (1933). *Watching the world go by*. Boston, Little.

Aguilar, A. (1985). Compartmentation and reliability of sampling procedures in organochlorine pollution surveys of cetaceans. In *Residue reviews* (pp. 91-114). Springer, New York, NY.

Allen, F. H. (1934). Therapeutic work with children: A statement of a point of view. *American Journal of Orthopsychiatry*, 4(2), 193.

Atchley, R. C. (1971). Retirement and leisure participation: Continuity or crisis? *The Gerontologist*, 11(1), 13-17.

Baltes, P. B., & Baltes, M. M. (1990). Psychological perspectives on successful aging: The model of selective optimization with compensation. In P. B. Baltes & M. M. Baltes (Eds.), *Successful aging: Perspectives from the behavioral sciences* (pp. 1-34). New York: Cambridge University Press.

Barnett, R. (1990). *The idea of higher education*. McGraw-Hill Education (UK).

Baron, R. M., & Kenny, D. A. (1986). The moderator-mediator variable distinction in social psychological research: Conceptual, strategic and statistical considerations. *Journal of Personality and Social Psychology, 51*(6), 1173.

Bass, S. A., & Caro, F. G. (2001). Productive aging: A conceptual framework. In N. Morrow-Howell, J. Hinterlong, & M. Sherraden (Eds.), *Productive aging: Concepts and challenges* (pp. 37-78). Baltimore: John Hopkins University Press.

Beaver, M. L. (1983). *Human service practice with the elderly*. Englewood Clifffs, N. J. : Prentice-Hall.

Berlyne, D. E. (1960). *Conflict, arousal and curiosity*. New York: McGraw-Hill.

Birren, J. E. (1959). Principles of research on aging. In J. E. Birren (Ed.), *Handbook of aging and the individual* (pp. 3-42). Oxford, England: University of Chicago Press.

Birren, J. E., & Woodruff, D. S. (1983). Aging: Past and future. In D. S. Woodruff & J. E. Birren (Eds.), *Aging: Scientific perspectives and social issues* (2nd ed., pp. 1-15). Montereu, CA: Brooks/Cole.

Breen, L. Z. (1960). The aging individual. In C. Tibbitts (Ed.), *Handbook of social gerontology* (pp. 145-162). Chicago: University of Chicago Press.

Bruscia, K. E. (2006). 음악심리치료의 역동성. (최병철, 김영신 공역). 서울: 학지사.

Caillois, R. (1994). 놀이와 인간. (이상률 역). 서울: 문예출판사. (원전은 1966년에 출판).

Cowgill, D. O., & Holmes, L. D. (1972). Aging and modernization. New York: Appleton-Century-Crofts.

Cranton, P. (1997). *Transformative learning in action: Insights from practice*. San Francisco: Jossey-Bass.

Dattner, R. (1969). *Design for play*. New York: Van Nostrand Reinhold Co.

Dehope, E. A., & Straub, V. (1983). Enhancement of self-esteem and health behaviors of aged. *Journal of Welfare for the Aged, 21*, 27-47.

Dirkx, J. M. (1997). Nurturing soul in adult learning. *New directions for adult and continuing education, 1997*(74), 78-88.

Driver, B. L., Tinsley, H. E., & Manfredo, M. J. (1991). The paragraphs about leisure and recreation experience preference scales: Results from two inven tories designed to assess the breadth of the perceived psychological benefits of leisure. In B. L. Driver, P. J. Brown & G. L. Peterson (Eds.), *Benefits of leisure* (pp. 263-286). State Collage, PA: Venture.

Duay, D. L., & Bryan, V. C. (2006). Senior adult's perceptions of successful aging. *Educational Gerontology, 32*, 423-445.

Erikson, E. H. (1968). *Identity: Youth and crisis*, 286-292.

Erikson, E. H. (1977). *Life history and the historical moment: Diverse presentations*. WW Norton &

Company.

Flood, M. (2002). Successful aging. *Journal of Theory Construction & Testing, 6*(2), 105-108.

Fröbel, F. (1903). *Education by development.*

Frost, J. L. (1992). *Play and playscapes.* Albany, New York: Delmar Publishers Inc.

Frost, J. L., & Klein, B. L. (1979). *Children's play and playgrounds.* Boston: Allyn & Bacon.

Gardner, H. (1993). *Multiple intelligences: The theory in practice.* New York: Basic Books.

Garvey, C. (1977). *Play.* Cambridge, MA: Harvard University press.

Glynn, M. A., &Webster, J. (1992). The adult playfulness scale: An initial assessment. *Psychological reports, 71*(1), 83-103.

Grün, A. (2010). 노년의 기술. (김진아 역). 서울: 오래된 미래. (원전은 2009년에 출판).

Hambidge Jr. G. (1955). Therapeutic play techniques: Structured play therapy. American *Journal of Orthopsychiatry, 25*(3), 601.

Havighurst, R. J., & Albrecht, R. (1953). *Older people.* Oxford, England: Longmans, Green.

Havighurst, R. J., Neugarten, B. L., & Tobin, S. S. (1968). 노년기의 여덟 가지 성격 적응패턴.

Huizinga, J. (1949). *Homo ludens.* London: Routledge.

Kaplan, H. B. (1975). *Self-attitudes and deviant behavior.* Pacific Palisades, CA: Goodyear.

Karsholt, O., & Razowski, J. (Eds.). (1996). *The Lepidoptera of Europe: A distributional checklist.* Stenstrup: Appollo Books.

Kelly, C. K., & Woodward, F. I. (1996). Ecological correlates of plant range size: taxonomies and phylogenies in the study of plant commonness and rarity in Great Britain. *Philosophical Transactions of the Royal Society of London. Series B: Biological Sciences, 351*(1345), 1261-1269.

Kimmel, H. D. (1974). Instrumental conditioning of autonomically mediated responses in human beings. *American Psychologist, 29*(5), 325-335.

Kusyszyn, I. (1977). How gambling saved me from a misspent sabbatical. *Journal of Humanistic Psychology.*

Laslett, P. (1989). *A fresh map of life.* London: Weidenfeld and Nicolson.

Lawson, R. G. (1962). *U.S. Patent No. 3,056,197.* Washington, DC: U.S. Patent and Trademark Office.

Laz, C. (1998). Act your age. *Sociological Forum, 13*(1), 85-113.

Leitner, M. J., & Leitner, S. F. (2004). *Leisure in later life.* New York: Haworth Press.

Lemon, B. W., Bengston, V. L., & Perterson, J. A. (1972). An exploration of the activity theory of aging: Activity types and life satisfaction among inmovers to a retirement community. *Journal of Gerontology, 27*, 511-523.

Levy, D. M. (1938). "Release therapy" in young children. *Psychiatry, 1*(3), 387-390.

Levy, J. (1978). *Play behavior.* New York: John Wiley & Sons.

Maderer, P., & Skiba, A. (2006). Integrative geragogy Part 2: Interventions and legitimizations. *Educational Gerontology, 32*(2), 147-158.

McClusky, H. Y. (1971). *Education: Background*. Report prepared to the 1971 White House Conference on aging. Washington D. C.: White House Conference on Aging.

McCormick, R. (1993). Leisure. In A. Campbell (Ed.), *The human meaning of social change*. New York: Russell Sage Foundation.

McCormick, S. (1993). Male gametophyte development. *The plant cell, 5*(10), 1265-1275.

McGuire, P. K., Silbersweig, D. A., Wright, I., Murray, R. M., Frackowiak, R. S. J., & Frith, C. D. (1996). The neural correlates of inner speech and auditory verbal imagery in schizophrenia: Relationship to auditory verbal hallucinations. *The British Journal of Psychiatry, 169*(2), 148-159.

Merriam, S. B. (1998). *Qualitative research and case study applications in education: Revised and expanded from case study research in education*. San Francisco: Jossey-Bass Publishers.

Mezirow, J. (1990). How critical reflection triggers transformative learning. *Fostering critical reflection on adulthood* (pp. 1-20). San Francisco: Jossey-Bass.

Moody, H. (2001). Productive aging and the ideology of old age. In N. Morrow-Howell, J. Hinterlong, & M. Sherraden (Eds.), *Productive aging: Concepts and challenges* (pp. 175-196). Baltimore: John Hopkins University Press.

Moody, R. V., Pianzola, A., & Pianzola, A. (1995). *Lie algebras with triangular decompositions* (p. 685). New York: Wiley.

Moss, H. A., & Susman, E. J. (1980). Longitudinal study of personality development. *Constancy and change in human development*, 530-595.

Murphey, S. A., Hyams, J. S., Fisher, A. B., & Root, R. K. (1975). Effects of oxygen exposure on in vitro function of pulmonary alveolar macrophages. *The Journal of clinical investigation, 56*(2), 503-511.

Neugarten, B. L. (1979). Time, age, and the life cycle. *The American Journal of Psychiatry, 136*(7), 887-894. doi.org/10.1176/ajp.136.7.887

Newman, A., Rose, P. S., & Teo, S. T. (2016). The role of participative leadership and trust-based mechanisms in eliciting intern performance: Evidence from China. *Human Resource Management, 55*(1), 53-67.

Nicolopoulou, A. (1993). Play, cognitive development, and the social world: Piaget, Vygotsky, and beyond. *Human development, 36*(1), 1-23.

Ortiz, L. P. A., & Langer, N. (2002). Assessment of spirituality and religion in later life: Acknowledging clients' needs and personal resources. *Journal of Gerontological Social Work, 37*, 5-21.

Parker, S. R. (1976). Sociology of leisure. *Sociology, 10*(1), 166-167.

Pieper, J. (1952). The philosophical act.

Piaget, J. (1962). *Play, dreams and imitation in childhood*. New York: W. W. Norton.

Reichard, S., Livson, F., & Peterson, P. G. (1962). Regarding open rejection of self as a function of retirement status.

Reuters(2018. 4. 18.).

Riddick, J. A., Bunger, W. B., & Sakano, T. K. (1986). Organic solvents: physical properties and methods of purification.

Rowe, J. W., & Kahn, R. L. (1997). Successful aging factors.

Saemundsen, A. K., Albeck, H., Hansen, J. P., Nielsen, N. H., Anvret, M., Henle, W., Henle, G., Thomsen, K. A., Kristense, H. K., & Klein, G. (1982). Epstein-Barr virus in nasopharyngeal and salivary gland carcinomas of Greenland Eskimoes. *British journal of cancer, 46*(5), 721-728.

Schaefer, C. E., & Drewes, A. A. (2015). 놀이의 치료적 힘. (유미숙, 이윤승, 이은수 공역). 서울: 시그마프레스. (원전은 2014년에 출판).

Schütz, L. Rahn, K. A. (1982). Trace-element concentrations in erodible soils. *Atmospheric Environment(1967), 16*(1), 171-176.

Sadler, E. & Biggs, S. (2006). Exploring the links between spirituality and 'successful aging'. *Journal of Social Work, 20*(3), 267-280.

Schuetz, J. (1982). Geragogy: Instructional programs for elders. *Communication Education, 31*, 339-347.

Scogin, F. (2008). 노인상담의 첫걸음. (김영경 역). 서울: 시그마프레스.

Thomae, H. (1980). Personality and adjustment to old age. *Handbook of mental health and aging*, 385-400.

Tornstam, L. (1996). Caring for the elderly. Introducing the theory of gerotranscendence as a supplementary frame of reference for caring for the elderly. *Scandinavian Journal of Caring Science, 10*(3), 144-150.

UN (2009). 세계인구 고령화 보고서.

Vaillant, G. E. (1993). 성공적 삶의 심리학. 서울: 나남출판.

Vaillant, G. E., & Vaillant, C. O. (1990). Natural history of male psychological health, XII: A 45-year study of predictors of successful aging at age 65. *The American Journal of Psychiatry, 147*(1), 31-37.

Vaillant, G. E., Bond, M., & Vaillant, C. O. (1986). An empirically valitated hierarchy of defense mechanism. *Archives of General Psychiatry, 43*, 786-794.

Wylson, A. (1980). *Design for leisure entertainment*. Boston: Butter Worth Inc.

어느새 · 신민주

구르는 낙엽만 보아도 까르르 웃던 시절이
나에게도 있었다.
떨어지는 낙엽을 보아도 눈물짓던 그 시절이
나에게도 있었다.

어느새
세월이 흘러 거울을 보니
늙어가는 내 모습이 서럽다는 것보다
그냥 언제 이렇게 시간이 흘렀나 싶어
아쉬움이 묻어난다.

스치는 바람에도 마음 한 구석이 허전한 이 느낌
거울 속에 보이는 한 사람

어느새
얼굴에 핀 주름 꽃이 어색하지 않다.
살아온 날들이 늘 행복하지는 않았지만
살아갈 날들이 행복하기를 빌어 본다.

찾아보기

저자 소개

참 나

생애미션은 사람들에게 자신이 존재하는 본질적인 목표인 '꿈너머꿈'과 행복을 찾고 실천하도록 디자인(교육, 상담, 코칭)하는 것이다.

거짓 나

동아대학교에서 예술학 석사 학위를 취득하였고, 경성대학교에서 평생교육 · 인적자원개발로 박사과정을 마쳤다. 현재 '꿈너머꿈 행복 디자인센터' 대표와 경성대학교 교육학과 교수/진로 정보센터 교수로 재직 중이다. 지금까지 청소년의 진로, 노인의 성공적 노화와 웰다잉, 행복에 대한 강연과 연구, 상담과 진로코칭을 수행하고 있다.

신민주
(Shin Min Ju)

참 나

생애미션은, ① 지식인 육성과 지식공동체 구축을 실천하는 '지식지기', ② 개인과 조직의 이상적인 미래를 창조하고 구현하도록 자문하는 '미래지기', ③ 개인학습과 조직학습을 촉진하는 '학습지기', ④ 개인의 삶의 영성문제와 해결방안을 코칭하는 '의미지기', ⑤ 신뢰와 협력, 상생의 인본공동체를 조성하는 '공동체지기'의 다섯 가지 역할을 수행하는 것이다.

거짓 나

연세대학교에서 교육학을 전공하고, 미네소타 대학교에서 인적자원개발 전공으로 석박사 학위를 취득하였다. 코오롱인재개발원과 PSI컨설팅, Expert컨설팅을 거쳐서 한국교육개발원, 한국직업능력개발원에서 근무하였으며, 현재 경성대학교 교육학과 교수/진로정보센터 센터장으로 재직 중이다. 지금까지 개인, 조직, 지역사회의 학습과 변화, 영성과 지혜, 성공적 노화, 행복에 대한 교육과 연구, 컨설팅을 수행하고 있다.

주용국
(Joo Yong Kook)

참 나

생애미션은 인화(人花), 사람 향기 품으며 살아가는 것이다.

옛날 바닷가에 물고기(魚)를 잡고 사는 가난한 노부부가 살고 있었다. 어느 날 할아버지가 유달리 크고 아름다운 고기 한 마리를 잡았다. 할아버지는 그 고기의 눈이 너무나 슬퍼 보여 다시 바다로 보내 주었다. 물고기는 먼 곳으로 수영해 가면서도 계속 할아버지에게 감사의 인사를 했다. 물고기는 자신을 놓아 준 할아버지가 바다에 흩어 놓은 그물에 금은보화를 두는 것으로 은혜(恩惠)를 갚았다. 할아버지는 그물에 있는 금은보화를 모두 거두어 마을 사람들과 잔치도 하고 어려운 사람들에게 나누어 주며 오래오래 행복하게 살았다고 한다.

거짓 나

영남대학교에서 미술치료학 석박사 학위를 취득하였다. 현재 '연제아동청소년심리상담센터' 원장과 경상대학교 사회복지행정과 겸임교수로 재직 중이다. 세상과 잘 어울리고 어디에서든 환영받는 나, 너, 우리가 되기 위해 유아부터 노인까지 긍정적 행복감을 위한 상담과 연구 및 강의를 수행하고 있다.

어은경
(Eo Eun Kyung)

성장과 치유를 위한 노인놀이치료
Elderly Play Therapy for Growth and Healing

2020년 2월 20일 1판 1쇄 인쇄
2020년 2월 25일 1판 1쇄 발행

지은이 • 신민주 · 주용국 · 어은경
펴낸이 • 김진환
펴낸곳 • ㈜**학지사**

04031 서울특별시 마포구 양화로 15길 20 마인드월드빌딩
대표전화 • 02-330-5114   팩스 • 02-324-2345
등록번호 • 제313-2006-000265호

홈페이지 • http://www.hakjisa.co.kr
페이스북 • https://www.facebook.com/hakjisa

ISBN 978-89-997-1881-6 93180

정가 17,000원

이 도서의 국립중앙도서관 출판시도서목록(CIP)은 서지정보유통지
원시스템 홈페이지(http://seoji.nl.go.kr)와 국가자료공동목록시스템
(http://www.nl.go.kr/kolisnet)에서 이용하실 수 있습니다.
(CIP 제어번호: CIP2020006431)

출판 · 교육 · 미디어기업 **학지사**

간호보건의학출판 **학지사메디컬** www.hakjisamd.co.kr
심리검사연구소 **인싸이트** www.inpsyt.co.kr
학술논문서비스 **뉴논문** www.newnonmun.com
원격교육연수원 **카운피아** www.counpia.com